SCM

Stiftung Christliche Medien

SCM ist ein Imprint der SCM Verlagsgruppe, die zur
Stiftung Christliche Medien gehört, einer gemeinnützigen
Stiftung, die sich für die Förderung und Verbreitung christlicher
Bücher, Zeitschriften, Filme und Musik einsetzt.

2. Auflage 2017

© 2017 SCM Verlagsgruppe GmbH
Max-Eyth-Straße 41 · 71088 Holzgerlingen
Internet: www.scm-verlagsgruppe.de; E-Mail: info@scm-verlagsgruppe.de

Soweit nicht anders angegeben, sind die Bibelverse folgender Ausgabe entnommen:
Neues Leben. Die Bibel, © der deutschen Ausgabe 2002 und 2006
SCM R.Brockhaus in der SCM Verlagsgruppe GmbH Witten/Holzgerlingen

Weiter wurden verwendet:

Lutherbibel, revidierter Text 2017, © 2016 Deutsche Bibelgesellschaft, Stuttgart.

Gute Nachricht Bibel, revidierte Fassung, durchgesehene Ausgabe in neuer Rechtschreibung,
© 2000 Deutsche Bibelgesellschaft, Stuttgart.

Gesamtgestaltung: Andrea Otto, Dorothé Straßburger | www.dorothestrassburger.de | Krefeld

Fotos: Andrea Otto, Janna Grotum

Druck und Bindung: Finidr s.r.o.
Gedruckt in Tschechien

ISBN 978-3-7893-9793-6
Bestell-Nr. 629.793

Andrea Otto

DAS ULTIMATIVE
Familien-
wohnbuch

Schöner wohnen,
alltagstauglich leben

SCM

Inhaltsverzeichnis

Organisation ist das halbe LEBEN

Vorwort

Als ich 10 Jahre alt war, bat ich meinen Vater um Millimeterpapier, damit ich den Grundriss meines Traumhauses festhalten kann. Mit 14 Jahren begann ich damit, die ersten Wohnzeitschriften zu sammeln und meine persönlichen Highlights in ein Buch einzukleben (das mache ich heute noch). Zu meinem letzten Geburtstag entführte mich mein Mann in einen Park mit Musterhäusern. Dort suchten wir einfach mal unser Traumhaus aus. Natürlich nur zum Spaß!

Sie sehen, das Thema Wohnen begleitet mich fast schon mein ganzes Leben lang.

Es macht Spaß, sich das perfekte Eigenheim zu erträumen, so wie manche Männer sich in Gedanken ihre perfekte Fußballmannschaft zusammenstellen.

Die Realität sieht jedoch immer etwas anders aus als die Wohnträume in meinem Sammelbuch. Und besonders wenn Kinder kommen, verschieben sich die Anforderungen an ein Zuhause noch einmal ganz enorm. Doch der Geschmack und die Ordnungsliebe eines Menschen verändern sich nicht automatisch mit den Presswehen. Wenn Sie es also immer schon gerne sauber und geordnet zu Hause hatten, werden Sie nicht strahlen wie die Sonne, wenn Ihr Boden-belag künftig unter einem Teppich aus Legosteinen versteckt ist und die Wände zur Leinwand kreativer Hände werden.

„Aber gehört das nicht dazu, wenn man ein familienfreund-liches Haus haben möchte?", werden vielleicht einige von Ihnen fragen. Die gesamte Wohnung muss nicht unbedingt nach Kindergarten aussehen, damit man den Stempel „familienfreundlich" erhält. Familienfreundlich heißt auch, die Erwachsenen und deren Bedürfnisse mit einzubeziehen, eine pflegeleichte und sichere Umgebung zu schaffen und eine für alle nachvollziehbare Ordnungsstruktur zu schaffen.

Dass ich Mutter von mittlerweile fünf Kindern und Chefin eines Pfarrhaushaltes bin, hat meiner Begeisterung für das Thema Wohnen und Gestalten jedenfalls keinen Abbruch getan. Ich liebe meine Familie von ganzem Herzen und ich schätze gleichzeitig eine schöne und aufgeräumte Wohnung. Das ist kein Widerspruch. Tatsächlich lieben auch Kinder dezent und wohlgestaltete Räume. Das können Sie zu Hause ganz praktisch testen. Wenn Ihre Kinder überall spielen können, wo sie möchten, landen sie ganz schnell in den schönen und aufgeräumten Zimmern. Kinder lieben es, Chaos zu machen, aber das in ordentlichen Räumen. So wie die leere Leinwand den Künstler inspiriert, so fördert eine ordentliche Umgebung die Kreativität Ihres Kindes.

Das Wichtigste für mich als Mutter ist, Zeit mit den Kindern und ganz besonders auch für den Ehepartner zu haben. Eine gut strukturierte Wohnung, in der man nicht den ganzen Tag putzen und Kindern hinterherräumen muss, ist ein wichtiger Bestandteil unseres Familienlebens.

In diesem Buch möchte ich Ihnen zeigen, wie Sie sich mit etwas Kreativität ein Zuhause schaffen können, das einfach zu pflegen, ordentlich und schön ist, das auf die unterschied-

Unsere Wohnung ist unser Familiennest. Aber sie hat auch offene Türen, ist Anlaufstelle für Freunde und Gäste. Und ich mag den Gedanken, dass auch Gott in unserer Wohnung zu Hause ist, in jedem Zimmer, in den perfekt gestalteten und den chaotischen.

lichen Bedürfnisse der Familie eingeht und sich in die Praxis umsetzen lässt, auch wenn Sie nur ein schmales Budget zur Verfügung haben.

Zugegeben, das ist vor allem am Anfang mit einigem Aufwand und Arbeit verbunden. Wenn Sie aber einmal ein passendes System für sich und Ihre Familie gefunden haben, werden Sie mit mehr Zeit für Ihre Lieben und mehr Raum für die wichtigen Dinge im Leben belohnt.

Ich wünsche mir, dass Sie in diesem Buch viele Tipps und Anregungen finden, die zu Ihrem Stil passen und dass ich Sie auf dem Weg begleiten darf, der Sie zur ultimativen Wohnlösung für Ihre Familie führt.
Dann wäre mein Ziel erreicht: Ihnen auf lange Sicht gese-hen die Nerven zu schonen und mehr Zeit mit Ihrer Familie zu schenken.

Ihre
Andrea Otto

Flur

Wohn-Träume

Vielleicht haben Sie ja Ihr Traumhaus bereits vor Augen, aber in der Realität ist der Traum vom Eigenheim in weite Ferne gerückt. In der Mietwohnung hat man selten freie Hand, was Veränderungen angeht. Und selbst wenn man Hausbesitzer ist, kann man sich oft freuen, die vier schlecht isolierten Wände gerade so abbezahlen zu können. In diesen Fällen muss die Schönheit noch eine ganze Weile warten und vieles andere hat Priorität.

Vielleicht ziehen Sie auch beruflich viel um und möchten gar nicht so viel ins neue Nest investieren. Unrealistische Träume sind nun aber kein Grund, sich entmutigen zu lassen. **Träume können die Kreativität beflügeln.** Wie heißt es doch so schön: Not macht erfinderisch. Natürlich leiden wir in unserer Wohlstandsgesellschaft keine Not, solange Ästhetik einen so hohen Stellenwert hat. Einrichtungsprobleme sind grundsätzlich Luxusprobleme. Doch ein knappes Budget hat bei mir schon Lösungen in den Kopf gezaubert, auf die ich sonst nie gekommen wäre.

Reduziertzeichen und Angebotsschilder ziehen den Schnäppchenjäger in mir an. Welch wunderschöne Kleidungsstücke oder Dekoartikel habe ich nur gefunden, weil sie mit roten Schildchen versehen waren. Versuchen Sie sich an diesen tollen Momente zu freuen, statt traurig auf die Dinge zu schielen, die Sie sich nicht leisten können. Ein tolles Schnäppchen oder eine kreative Idee aus ein paar günstigen Materialien können sich anfühlen, als hätten Sie die Welt ein bisschen ausgetrickst.

Außerdem rate ich Ihnen dazu, Ihre Wohnträume schriftlich festzuhalten. Mein Buch nenne ich **„Das Buch der Inspirationen"**. Schneiden Sie Bildchen aus Zeitschriften und Prospekten aus und kleben Sie sich Farbkarten aus dem Baumarkt dazu. Nach nur 5 Jahren werden Sie sich viele Sachen anschauen und freuen, dass Sie diese in der Realität nicht gekauft haben, da Ihre Entscheidung heute anders ausfallen würde.

Wohntrends wandeln sich stetig und ständig. Deswegen ist es wichtig, entweder einen **eigenen Stil** zu finden und zu ihm zu stehen oder einen Wohnstil zu finden, der leicht wandelbar ist. Das hört sich in der Theorie sehr abstrakt an. Wie das ganz praktisch funktioniert, zeige ich Ihnen am Beispiel unserer Wohnung.

Begleiten Sie mich Zimmer für Zimmer durch unser Zuhause. In jedem Raum zeige ich Ihnen, wie Sie mit **kleinen Tricks** viel erreichen können, wie sie **organisieren** und **strukturieren** und ihr Budget bestmöglich einsetzen.

Herzlich willkommen!

Für den ersten Eindruck gibt es keine zweite Chance.

So lautet ein weises Sprichwort. Der Flur und der Hauseingang sind die Schleuse in unser Zuhause. Sie kann nicht nur einladend wirken, sondern auch viel verraten über uns und über das, was dahinter folgt.

Deswegen sollte man diesen Bereich, trotz der vielen Funktionen, die er übernehmen muss, nicht stiefmütterlich behandeln. Den Flur betreten mehr Menschen als alle anderen Räume des Hauses.

Am ersten Eindruck sind alle Sinne beteiligt.

Auch für Sie selbst ist es ein schöneres Nachhausekommen, wenn sie schon vom Flur freundlich begrüßt werden.

Bei uns ist der erste Eindruck recht schwierig, da man erst eine enge und vormals sehr dunkle Treppe erklimmen muss. Teppich sowie Geländer waren dunkel. Da halfen auch keine weißen Wände. Die können in diesem Fall sogar besonders hoch und erdrückend wirken. Dadurch, dass die Wände dunkler wurden, aber die Stufen heller, **verbreiterte** sich die Treppe optisch und wirkt nun nicht mehr so bedrückend.

Am logischsten wäre eine komplett weiße Treppe gewesen. Da wir sie jedoch mit Straßenschuhen betreten, war die schweißtreibende Arbeit des Abschleifens der Stufen ein Kompromiss, der sich als **Hingucker** erwies.

Ich hoffe, Sie stimmen mit mir überein, dass diese bald hundert Jahre alte Treppe nicht versteckt werden muss.

Versteckspiel

Ist es ordentlich und aufgeräumt? Ist es hell und freundlich? Zieht sich der Stil durch den Rest der Wohnung? Liegen viele Schuhe, Taschen, Jacken herum? Ist es kalt oder warm? Wie riecht es hier? Ist es lebhaft bunt? Wer wohnt hier alles? Ist es laut oder leise?

„Alles hat seinen Platz" ist eine Grundregel, die sich durch das ganze Buch ziehen wird.

Gerade im Flur lautet das Motto „Verstecken". Schuhe, Mützen, Schulranzen und Jacken sind Gegenstände, die für einen sehr unruhigen optischen Eindruck sorgen. Deswegen sind Jacken hinter Türen, Mützen und Schals in Körben und Schuhe hinter Vorhängen versteckt. Selbst unsere frei hängenden Jacken verbergen sich geschickt in der Ecke hinter dem Schrank.
Damit die Ordnung funktioniert, braucht alles klar nachvollziehbare Orte. Manchmal hilft es auch, Dinge zu beschriften, damit nicht gemogelt werden kann.
Wir können nicht von unseren Kindern Ordnung verlangen, wenn sie keinen festen Ort für ihre Sachen haben.

Regal Stauraum für Jacken und Schuhe

Praxis-tipp

Die Lamellen lassen sich einfach aus Markisenstoff zuschneiden. Die Ränder können Sie sehr vorsichtig mit einer Flamme versiegeln (erst einmal an einem kleinen Stück Stoff üben), das erspart lästiges Nähen. Anschließend kann man sie überlappend festtackern. Da der Stoff sehr steif ist, fallen sie immer wieder gut in die alte Position zurück.

Ordnung kann man nicht erzwingen, sie muss gelernt, vorgelebt und selbstverständlich werden. Es ist respektvoll, die eigenen Sachen nicht anderen in den Weg zu legen. Respektvoll ist auch, wenn sich nicht andere für einen bücken müssen. Verschwinden meine achtlos liegen gelassenen Schuhe wie selbstverständlich nach einer Weile von selbst, da zum Beispiel die Mutter die störenden Objekte weggeräumt hat, wird nicht unbedingt am Ordnungsverhalten geübt. Väter sollten da ganz unbedingt Vorbilder sein. Damit das Wegräumen der Schuhe nicht allzu anstrengend ist, habe ich ein altes Regal mit selbstgeschnittenen Lamellen aus Markisenstoff verhängt. So können die Schuhe einfach schnell dahinter geschoben werden. Wie es hinter den Lamellen aussieht, ist ein ganz anderes Thema …

Setz dich doch!

Eine Bank kann **Sitzfläche** zum An- und Ausziehen bieten und gleichzeitig **Stauraum** für unzählige Turnbeutel, Handschuhe und Mützen werden. Diese Bank ist ein einfaches Regal. Für die Polsterung habe ich eine Spanplatte im Baumarkt zusägen lassen, im Internet Schaumstoff in passender Größe bestellt und beides mit Markisenstoff bezogen. Dieser Markisenstoff ist **abwaschbar** und taucht genau wie die Kissen in der Wohnung immer wieder auf. Solche wiederkehrenden Elemente sorgen für ein harmonisches Gesamtkonzept, können aber je nach Geschmack oder Jahreszeit einfach ausgetauscht werden und so schnell für **Abwechslung** sorgen oder sogar zu einer **kompletten Stiländerung** führen.

„Standhafte Kissen" erhält man dadurch, dass man das Kissen-Inlett etwas größer wählt als den Bezug. In einen 50 x 50 cm großen Bezug stecke ich ein 60 x 60 cm großes Kissen. Auf diese Weise knautschen die Kissen weniger, sie stehen besser und fallen nicht in sich zusammen.

Praxis-tipp

Optische Sauberkeit

Saubere und ordentliche Räume möchte man gerne vor Besuchern präsentieren, aber auch für das eigene Wohlbefinden sind sie wichtig. „Meine Güte, ist es sauber bei euch", sind häufige Reaktionen auf unsere Wohnung. Mit einem Lächeln nehme ich dieses Kompliment an und verschweige höflich, dass vor zwei Wochen zuletzt gewischt wurde. Schließlich bin auch ich nur ein Mensch mit vielen Kindern und einem sehr großen Schlafbedürfnis.

Warum ist es dann aber so „sauber" bei uns?

Es gibt einen Unterschied zwischen der physikalischen Sauberkeit und der – wie ich sie bei meinen Wohnberatungen gerne nenne – optischen Sauberkeit. Die wenigsten werden durch Ihr Heim gehen und mit dem Zeigefinger den Staubtest machen. Die **optische Sauberkeit** ist der erste Eindruck einer Ordnung und Struktur, die man durch **gute Stauraumplanung und Sortiersysteme** erreicht und ganz besonders mithilfe einer durchdachten Farbgestaltung erzielen kann. Dieses Farbschema kann schlicht und hell oder farbintensiv und abwechslungsreich sein.

Das Wichtigste ist, dass Sie **Ihren Wohnstil festlegen** und Ihr gewähltes Schema in der ganzen Wohnung verfolgen. Die Schwierigkeit liegt dabei häufig nicht darin, sich **FÜR Farben sondern GEGEN bestimmte Farbtöne zu entscheiden**. Sich auf ausgewählte Farben zu beschränken und andere auszuschließen, ist meistens ein Prozess, der länger dauern kann und sich hier und da auch an aktuellen Trends orientiert. Je mehr Farbe Sie benutzen, umso schwerer ist die Zusammenstellung. Trotz oder gerade wegen meiner Schulung im Bereich der Farbenlehre und Gestaltung habe ich mich über einige Jahre hinweg mit neutralen Erdtönen und Schwarz-weiß-Kontrasten umgeben, bevor ich Schritt für Schritt weitere Farben einführte oder auch gemäß der Jahreszeit kombinierte. **Farbe hat immer etwas mit Emotionen und dem persönlichen Geschmack zu tun,** trotzdem lohnt es sich, bei ihrer Nutzung das Köpfchen einzuschalten. Eine Wohnung, in der Farbe (und damit geht es hier nicht nur um Wandfarbe) strukturlos eingesetzt wird, kann trotz aller Putz- und Aufräumbemühungen unordentlicher wirken als eine farblich strukturierte.

Farbwelten

Machen Sie bei sich zu Hause ein kleines Experiment: Nehmen Sie sich einen Raum vor und eliminieren Sie dort alle Farben. Lassen Sie als Basis nur neutrale Töne übrig wie Schwarz, Weiß, Creme-, Beige- und Grautöne. **Erst wenn Sie diese Basis geschaffen haben, können Sie systematisch Ihre persönliche Farbwelt aufbauen.** Beginnen Sie mit der Farbe Ihrer Wahl und fügen Sie dann erst eine neue hinzu.

Sich auf **wenige, ausgewählte Farben** zu beschränken, heißt übrigens nicht, dass Langeweile Einzug halten muss. Zu meiner Basis aus neutralen Tönen habe ich als Grundfarbe ein helles Blau gewählt. Diese bleibt immer bestehen und bekommt jahreszeitlich bedingte Gesellschaft. Zum Jahresanfang bleibt das Blau alleine und kühl, so passt es zum eisigen Winter und der schlichten Passionszeit.

Dann kommt ein fröhliches Gelb mit etwas Rosa zu Ostern hinzu. Nach Pfingsten wird das Gelb eliminiert und ein pastelliges Grün gesellt sich mit noch mehr Rosa dazu. Das ist meine freundliche Sommerdeko, die Sie auch hier im Buch sehen.
Das Grün darf dann zum Herbst hin weichen und Orange und Beerentöne treten zum Blau dazu. Der Beerenton begleitet uns weiter, das Orange muss gehen und wird durch kräftige Rottöne ersetzt, damit es gemütlich Weihnachten werden kann.
Nach Weihnachten kommt dann wieder der Bruch zum spartanischen Eisblau und damit schließt sich der Kreis.

Diese farblichen Veränderungen gestalte ich nur **mithilfe von Dekoartikeln, Kissen, (Kunst-)Blumen und ein paar wechselnden Bildern** an der Wand. Alles ist natürlich bereits in der passenden Kiste geordnet, sodass ich allerhöchstens einen Vormittag fürs Umdekorieren brauche. Diese Methode ist besonders für Menschen geeignet, die Veränderung mögen. Auf diese Weise muss man nicht gleich zum Renovierungswerkzeug greifen, wenn einen die Lust auf einen Farbwechsel übermannt. Die Wohnung sieht **vierteljährlich verändert und wie neu aus, der Zeitaufwand ist hingegen minimal.**

Mein persönliches Farbsystem ist nicht von heute auf morgen entstanden, sondern hat sich in Ruhe entwickeln können, da die neutrale Basis einen völligen Freiraum beim Dekorieren ermöglichte.

Vom schmalen Schlauch

Telefontischchen

In den meisten Fluren ist das typische Telefontischchen zu finden. Selten sind elektronische Geräte wirklich dekorativ und meistens ziehen sie eher das Chaos an. Machen Sie deshalb diese Ecke nicht zum ästhetischen Stiefkind, indem Sie hier noch Kleinkram wie Schlüssel und Hosentascheninhalte parken. Dafür gibt es Schubladen. Halten Sie gerade hier die Deko schlicht, das Tischchen aufgeräumt und besonders staubfrei. Verstecken Sie Kabel hinter Fußleisten und sorgen Sie für gute Beleuchtung. Hätte ich aufgrund des Platzmangels nicht höhere Schränke vermeiden müssen, wären diese Gerätschaften sogar komplett in einem Schrank verschwunden.

Die Überzeugung, dass Weiß einen Raum am hellsten und großzügigsten wirken lässt, ist weit verbreitet.
Das ist allerdings ein Irrglaube. Gerade der Einsatz einer abgetönten Wandfarbe kann bei extremen Raumsituationen wie einer hohen Decke oder einem schmalen Korridor schmeicheln. Wenn man bewusst **mit Kontrasten arbeitet,** lässt sich der **Raumeindruck völlig verändern.**

In unserem Flur habe ich die weiße Decke „heruntergezogen", indem ich oben an den Wänden einen gut 20 cm breiten Rand ebenfalls weiß gestrichen habe. Das lässt die Decke größer aussehen und der Raum **wirkt damit breiter,** als er ist.

zum Spiegelsaal

Unseren Flur zu gestalten, war eine echte Herausforderung. Er ist ein langer, vormals dunkler Schlauch von ca. 2 m Breite mit 3 Türen. Hier habe ich meinen persönlichen Feldzug des Lichtes geführt. Mein Mann sagte irgendwann, er fühle sich **wie in Versailles.** Das war an dem Punkt, als ich den 3. Spiegel anbrachte. Heute sind es sage und schreibe 5. Die Krönung war der 2 m hohe Spiegel am Ende des Flurs. Haben wir Gäste, die zum ersten Mal in der Wohnung sind, muss ich sie darauf aufmerksam machen, dort nicht reinzulaufen.

Er erzeugt die Illusion, dass der Flur dort weitergeht. Mithilfe dieser **Spiegel** und **glänzender Türfronten** habe ich das wenige natürliche **Licht genutzt,** um diesen **Flur zu erhellen** und **breiter wirken** zu lassen, als er ist. Obwohl hier viel Stauraum nötig ist, habe ich mich bewusst für eine Kommode statt für einen hohen Schrank entschieden, damit die „Verengung" nicht auf Kopfhöhe stattfindet und man keine Platzangst bekommt. In dunklen Fluren ist es wichtig, bei der Möbelwahl auf helle Stücke zurückzugreifen.

Kunstwerke
der Kleinen in
Szene setzen

Es gibt eine Sache, auf den ich als Mutter nicht sehr stolz bin: Meine Farbempfindlichkeit macht es mir schwer, die wundervoll wilden Kunstwerke meiner Kinder wahllos im Haus zu platzieren oder sie gar an einen zettelüberfüllten Kühlschrank zu hängen. Doch wo ein Wille ist …

Diese Wand, eigens für diese Kunstwerke auserwählt, ist nun der **Stolz der Kleinen.** Hier werden die Werke meiner kleinen Künstler in Szene gesetzt. Mal ist es nur ein Ausschnitt in einem schönen Passe-partout oder das Bild wurde mit schönem Geschenk-papier hinterlegt. Auch eine mit Stoff bezogene Lein-wand kann als Untergrund dienen. Alte Rahmen ohne Glas bieten die Möglichkeit, 3D-Objekte (z. B. aus dem Textilunterricht) hervorzuheben.

Ein alter Rahmen vom **Flohmarkt** erstrahlt hier weiß gestrichen in neuem Glanze. Die Rückwand habe ich mit **Magnetfarbe** und einem Rest Wandfarbe gestrichen. Hier können die Kunstwerke nun wechseln.

Ihrer Kreativität sind keine Grenzen gesetzt und auch wenn Sie hier und da mal ein Kunstwerk zerschneiden, freuen sich die Kinder, wenn sie sehen, dass Sie sich damit so intensiv auseinandergesetzt haben und etwas Schönes aus ihrer Arbeit entstanden ist. Für alle anderen Kunstwerke habe ich eine Kiste, in der ich alles sammle. Vergessen Sie nicht, Name und Datum beziehungsweise Alter des Kindes auf die Rückseite zu schreiben.

Wünschen Sie sich ein Kunstwerk, das in Ihr Farb-schema passt? Legen Sie Ihrem Kind nur ausgewählte Materialien und Farben zurecht und bitten Sie es, **seine Kreativität walten zu lassen.** Diesen Tipp gebe ich auch bei Wohnberatungen für Kinderzimmer, wenn ein paar Rahmen gefüllt werden sollen.

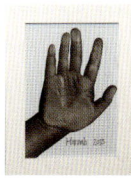

Wohnzimmer

Gemütlich beisammen

Ich oute mich hier: Ich liebe es, Fernsehen zu gucken! Hätte ich keine Kinder, würde ich meine komplette Freizeit damit verbringen. Ich würde im „amerikanischen Stil" die Glotze immer laufen lassen. Was ich so den ganzen Tag schaue? Als Serienjunkie könnt ich hier vieles nennen. Als Kind habe ich sehr gerne „Die Simpsons" geschaut und ein Ausspruch Homer Simpsons machte mich nachdenklich. Er betrat das Wohnzimmer seines Nachbars Ned Flanders und war ganz schockiert, dass dieser keinen Fernseher besaß. Seine Frage lautete:

Wonach richtet ihr denn eure Wohnzimmermöbel aus?

Es hat mich nachdenklich gemacht, wie sehr Medien doch in unserem Leben präsent sind.

Hinter verschlossenen Türen

Um Medien nicht in den Mittelpunkt des Familienlebens zu rücken und die Aufmerksamkeit von ihnen abzulenken, wird hier zum Beispiel der Fernseher versteckt. Das Versteck ist eigentlich ein Kleiderschrank mit geringer Tiefe, in dessen Rückwand ich Löcher für die Kabel gebohrt habe. Die Nachfrage nach dem Fernseher sinkt, wenn er nicht immer präsent ist.

Versteckspiel

Praxis-tipp

Das Glas dieser Schranktüren war gefrostet, aber nicht blickdicht. Deshalb habe ich es innen mit einem Rest der Wandfarbe gestrichen.

Ein **massiver Esstisch** ist eine Bereicherung für ein großes Wohnzimmer. Dieses gute Eichenstück ist vom **Sperrmüll** und war stark beansprucht worden. Dank seines neuen Anstrichs sieht er jedoch wieder tadellos aus. Auch dafür habe ich Wandfarbreste und Abtönfarbe verwertet. So geht man sicher, dass der Tisch auch farblich in den Raum passt.

Zu Tisch, bitte !

Wie bei jedem Streichprojekt muss auch der Tisch erst mit Sandpapier angeschliffen werden, damit die neue Farbe gut hält. Anschließend habe ich zuerst eine Schicht dunkle Farbe aufgetragen, alles gut trocknen lassen und den Tisch dann mit einem helleren Farbton gestrichen. Wenn man anschließend die obere Schicht mit einem Spachtel zerkratzt und die Kanten mit Schleifpapier bearbeitet, scheint die dunklere Schicht durch. Um das nicht so strapazierfähige Wandfarbengemisch zu fixieren, erhielt der Tisch einen letzten Anstrich aus Parkettlack. **Dieser Lack ist so robust, dass man noch nicht einmal eine Tischdecke braucht.** Außerdem ist er dünnflüssig und lässt sich gut auftragen.

Alt
trifft
Neu

Moderne Möbel mit alten Möbeln zu kombinieren ist nichts Neues. Dabei geht es nicht nur um einen hübschen Einrichtungsstil, sondern das mutige Kombinieren eröffnet Ihnen eine größere Bandbreite an potenziellen Möbelschnäppchen. Wenn Sie sich auf eine bestimmte Stilrichtung und Holzsorte festlegen, schränke Sie Ihre Auswahl an günstigen, beziehungsweise kostenlosen Möbeln stark ein. Wenn Sie jedoch von vornherein ganz unterschiedliche Möbelstücke kombinieren, ist es leichter, ein neues Fundstück mit in die vielfältige Sammlung aufzunehmen. Diese Herangehensweise braucht nur ein wenig Kreativität, um alle Einzelstücke optisch zu einer Einheit werden zu lassen. Da vor mir kein Sperrmüll und keine Haushaltsauflösung sicher ist, habe ich das Problem der verschiedenen Hölzer durch Streichen gelöst.

Bei der Farbgestaltung meiner Möbel bin ich eher vorsichtig und bleibe im **neutralen Farbspektrum.** Möbel, ganz besonders Polstermöbel und Bodenbeläge, sind nichts, was man schnell wieder austauscht. Ich nenne diese Dinge gerne die Wohnkonstanten. Sind diese in neutralen Farben gehalten, gibt man sich keiner Modererscheinung hin und hat lange Freude an ihnen. **Eine Wand ist wesentlich schneller umgestrichen, als ein Möbelstück ausgetauscht.**

Streichen braucht Mut und Durchhaltevermögen. Es ist normal, nach dem ersten Anstrich in Panik zu geraten, da es zuerst schlimmer aussieht als vorher. Viele Möbelstücke brauchen **etliche Anstriche,** bis man das gewünschte Ergebnis erzielt.

Traue ich mich an ein Möbelstück nicht heran, kann mich nicht aufraffen, wälze das potenzielle Projekt aber in Gedanken immer wieder hin und her, dann helfe ich meiner Motivation auf die Sprünge. Ich nehme mir vor, das Projekt bis zu einem besonderen Ereignis (zu Weihnachten oder einem Familien-fest) fertig zu haben, nehme Schleifpapier und schleife es einfach an einer gut sichtbaren Stelle an, so dass ich es einfach beenden muss. Unter Druck handwerkert es sich halt am besten.

Alte Möbel zuerst immer gut reinigen und sorg-fältig anschleifen. Die Farbe in mehreren dünnen Schichten auftragen. Jede Schicht gut trocknen lassen. Wird das Möbelstück stark beansprucht, als letzte Schicht einen strapazierfähigen Lack wie beispielsweise Parkettlack auftragen.

Praxis-tipp

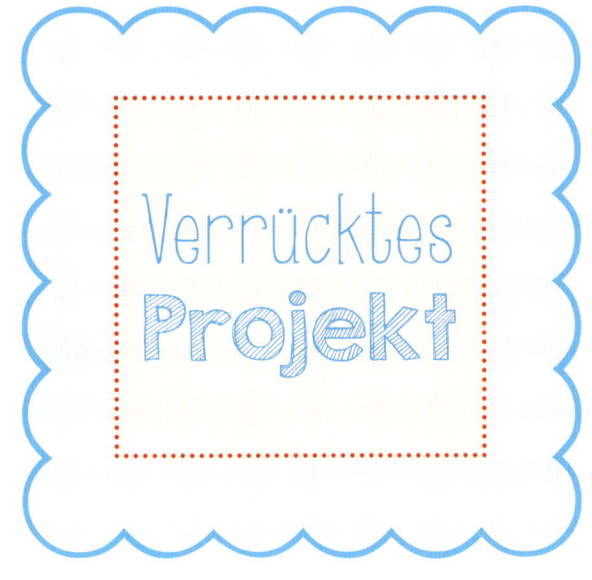

Verrücktes Projekt

Es gibt fast kein Möbelstück, das sich nicht mit einem beherzten Griff zum Pinsel farblich verändern lässt. Ein Streichobjekt der Extraklasse war eindeutig unser Klavier. **Ich möchte an dieser Stelle Mut machen, auch vor dieser Art von Herausforderung nicht zurückzuschrecken.** Streichtechnisch gesehen, ist auch ein Klavier nur ein Möbelstück. Der Klang des Instrumentes verändert sich nicht durchs Streichen. Es ist jedoch eine gewisse Puzzleleidenschaft gefragt.

Lassen Sie sich beim nächsten Stimmtermin genau zeigen, wie leicht sich so ein Klavier auseinanderbauen lässt. Das Klavierhaus Ihres Vertrauens kann Ihnen auch mit neuen Filzbändern in verschiedenen Farben dienen. Auch der Klavierhocker sollte nicht vergessen werden. Wenn Sie noch etwas unsicher im Streichen sind, kann ich zu einem **seidenmatten Lack** statt einer Hochglanzvariante raten. Seidenmatte Oberflächen **kaschieren** Streichpatzer etwas, während hochglänzende die Aufmerksamkeit auf Unebenheiten ziehen.

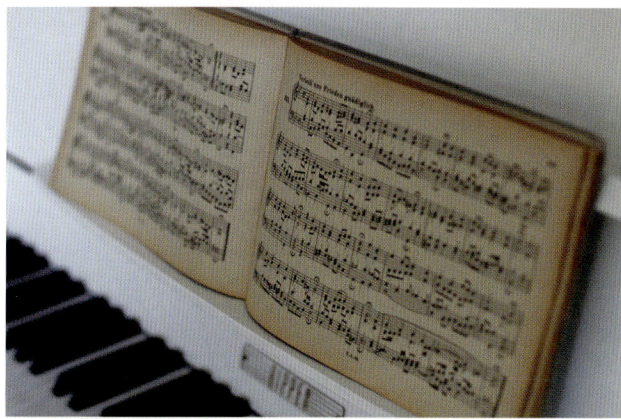

Geöffnet und mit
einem alten Notenbuch
dekoriert sieht ein Klavier
sofort einladend aus

Welch ein Duft liegt in der Luft

Wie schon am Anfang erwähnt, trägt der Geruch einer Wohnung mit dazu bei, dass man sich in ihr wohlfühlt oder nicht. Hier können Sie ganz einfach nachhelfen, indem Sie **dezente Düfte** einsetzen.

Dieser **Duftbrunnen** entspannt zum Beispiel nicht nur durch sein leises Plätschern, sondern er verbreitet mithilfe einiger Tropfen eines ätherischen Öls **Wellnessstimmung** in Ihrem Wohnzimmer.

Einfach anders nutzen

Nicht nur zum Verpacken von Geschenken, sondern auch zum Basteln und Dekorieren, lassen sich Geschenkpapiere wunderbar nutzen. Aus diesem Grunde habe ich sehr viele davon. Bloß wohin mit der Rollenflut? **Blumenkübel** eignen sich hervorragend zum Verstauen größerer Dinge, wenn man sie abdeckt. Als Deckel habe ich ein Brett zusägen lassen, das den Außenmaßen der Kübelöffnung entspricht und eines nach den Innenmaßen. Beide habe ich aufeinandergeschraubt und gestrichen. So sitzt der „Deckel" perfekt auf dem Kübel und kann nicht herunterrutschen. Als kleine Verschönerung habe ich **Spitze** um den Rand geklebt. Auch ein schönes **Schleifenband**, welches in Ihr **Farbschema** passt, macht sich gut.

Auf diese Weise gewinnen Sie **nicht nur Stauraum** dazu, sondern bekommen gleichzeitig einen kleinen Sockel für Blumen, eine kleine Lampe oder ein ausgewähltes Dekostück.

Die Kunst der künstlichen

Vielen Dank für die Blumen

Was Zimmerpflanzen angeht, fehlt mir eindeutig der Grüne Daumen. Meiner ist wohl eher schwarz. Ich erkläre mir dieses Manko mit chronischem Zeitmangel und starken Temperaturschwankungen. Durch das geringe Durchhaltevermögen meiner Pflanzen ergab sich während der letzten Jahre eine große Vorliebe für künstliche Blumen, seien es Topfpflanzen oder Blumensträuße. Da Staub Kunstblumen weniger echt wirken lässt, unterziehe ich die Topfpflanzen einer regelmäßigen Dusche und streichle die Blumensträuße mit meinem Staubsauger.

Blumen

Kunstblumen lassen sich übrigens gut mit echten Blumen kombinieren. Doch eines ist klar: Gut gemachte künstliche Blumen sind nicht unbedingt günstig, **sparen aber auf Dauer Geld,** wenn Sie sich gerne mit Pflanzen umgeben.

Wenn ich einen Strauß zusammenstelle, versuche ich auf Blumen der **Saison** zurückzugreifen. Nichts wirkt skurriler als der künstliche Weihnachtsstern im Sommer.

Ansonsten verfahre ich beim Binden der Sträuße wie bei echten Blumen. Ich entferne die unteren Blätter. Später binde ich diese Blätter mithilfe von Draht näher an die Blumenköpfe und verteile sie gleichmäßig im Strauß. Nicht zu eng binden, ein lockerer Strauß wirkt echter. Es ist häufig günstiger, Blumen im Bund zu kaufen und diese auseinanderzunehmen, um sie dann mit anderen Blumen zu kombinieren.

Wenn Sie mit dem Ergebnis zufrieden sind, fixieren Sie den Strauß mit einem Kabelbinder und kürzen Sie die Stiele auf eine einheitliche Länge, dann können Sie die Blütenköpfe noch einmal schön in Form biegen und voilà haben Sie einen unempfindlichen und robusten Strauß.

Sie können die Blumen auch in Blumen-Steckmasse stecken und so fixieren. Zum Schluss lässt sie sich gut verstecken, indem man Erde, Rindenmulch, Kunstschnee oder Kaffeebohnen darüberstreut. **Besonders bei Topfpflanzen lässt Blumenerde die Pflanzen echt erscheinen.** Mein Mann wollte unsere künstlichen Pflanzen schon mal gießen ...

Im Normalfall, wenn kein großer Feiertag oder Besuch ansteht, habe ich mittlerweile keine einzige natürliche Blume mehr im Haus. Für mich ist das eine echte Arbeitsentlastung, vor allem, wenn der Kopf voll ist mit wichtigeren Dingen als Blumengießen und dem Entfernen der trockenen Blätter auf den Fensterbänken.

Alles symmetrisch?

Offene Sache!

Offene Schränke und Regale sind schwer zu gestalten. Dabei sind übrigens Bücherregale die größte Herausforderung, selbst für den Einrichtungsprofi. Auf Bücherregale lasse ich mich gar nicht erst ein. Bücher habe ich hinter Türen verbannt.

Abgesehen von diesem Schrank gibt es in unserem Haus **ganz bewusst kaum offene Regale.** Das ist mit kleinen Kindern sehr hilfreich, es spart eine Menge Zeit und Nerven und **trägt zur Ordnung und optischen Ruhe bei.**

Den einen oder anderen offenen Schrank besitzt aber vermutlich jede Familie. Häufig steht dieser im Wohnzimmer und damit auch mitten im Blickfeld. Es mag eine Herausforderung sein, offene Regale zu gestalten, unmöglich ist es jedoch nicht.

Wir Menschen und unsere Augen sind sehr harmoniebedürftig und streben nach Symmetrie. Sie trägt zu einem strukturierten Ordnungsbild bei und ist ein wichtiges Gestaltungsmittel in jeder Wohnung. Zu viel Symmetrie ist uns dann aber auch schnell wieder langweilig. Die Spannung, die eine Asymmetrie hervorruft, macht Gestaltung erst interessant. Sie ist gewissermaßen das Salz in der Suppe. Die Kunst besteht nun darin, das richtige Maß zu finden zwischen harmonischer Ausgewogenheit und optischer Spannung.

Auch in meinem Schrank findet sich beides wieder. Einen Teil des Geschirrs habe ich symmetrisch angeordnet, vor allem im Blick auf die Farben habe ich mich asymmetrisch durch den Schrank gearbeitet. Am einfachsten gelingt das, wenn Sie Gegenstände mit dem gleichen Farbton nehmen und damit „Dreiecke" bilden oder die Farben im Zickzack in den Regalen verteilen.

Vermeiden Sie es, Gegenstände als „Treppe" anzuordnen und stellen sie nichts in die Mitte des Regals. Das macht man schnell unbewusst aus innerem „Symmetriezwang", damit macht man jedoch die Gestaltungsversuche gleich wieder zunichte.

Auf den folgenden Seiten versuche ich, Ihnen **in vier Schritten** zu zeigen, wie man einen offenen Schrank **interessant und trotzdem ordentlich** gestalten kann. Nehmen Sie es als ersten Anhaltspunkt (über das Thema allein könnte man ganze Bücher schreiben) und probieren Sie aus. **Auch hier macht Übung den Meister!**

Es hilft, wenn man im Vorfeld größere Objekte oder Objektgruppen (zusammenpassende Tassen oder Teller) **farblich sortiert.** Beginnen Sie beim Einräumen mit den größten und farbintensivsten Objekten. Hier stelle ich zuerst zwei symmetrisch platzierte Boxen für Tees und Kleinkram in den Schrank. Aufgrund ihres Gewichtes können sie leider keinen anderen Standort bekommen, außerdem greifen sie die Symmetrie der Türen schön auf. Doch das sollen auch die letzten symmetrischen Objekte sein. Als **„Gegengewicht"** setze ich die große Uhr ein und bilde mit den Kästen ein Dreieck.

Stellen Sie sich eine rote Linie in der Mitte des Schranks vor. In den folgenden Bildern können Sie sich gut an den Schubladengriffen orientieren. **Nichts soll hier mehr mittig platziert werden.** Damit meine ich die Mitte eines Gegenstandes oder die Seitenkanten. Auch sollte in der Mitte **keine Gruppe** beginnen.

Wie schnell auch mir eine „böse Mitte" unterläuft, sehen sie auf Bild 3 und 4. Die rosa Tassen im unteren Drittel sind grenzwertig mittig. Ich habe mich später korrigiert und die Tassen mit den blauen zusammen etwas verschoben. Also bitte nagaln Sie mich nicht zu stark auf Details fest, falls Sie etwas entdecken.

Im nächsten Schritt habe ich ein **Dreieck aus Türkistönen** entstehen lassen, im dritten Bild sehen Sie, wie daraus ganz schnell eine **Zickzack-Kombination** wird.

Bei den großen Milchkaffeetassen habe ich drauf geachtet, dass die Farbabfolge durch die zwei dunklen Tassen nicht symmetrisch wird. Das hätte schnell passieren können, wenn ich zum Beispiel die dunkelsten Tassen nach außen gesetzt hätte. Hätte ich wiederum die rosa Tasse als farbintensivste Tasse an die 4. Stelle gesetzt, wäre diese genau auf unserer imaginären Mittellinie gelandet.

Da es sich hier eigentlich um einen Küchenschrank handelt, werden natürlich viele Dinge daraus benutzt. Um keine riesigen Lücken entstehen zu lassen, ist es wichtig, auch immer ein paar **Gebrauchsgegenstände mit rein dekorativer Funktion** zu platzieren.

Je nach **Jahreszeit** ändert sich das leider bei mir. Bei meiner Sommerdeko sind diese Milchkaffeetassen mit passenden Tellern für diesen Zweck bestimmt. So ist es nicht verwunderlich, dass mein Mann regelmäßig fragt, ob er von bestimmten Dingen auch essen darf, oder ob die nur zum Angucken sind. Tja, das Leben ist halt keine Blumenwiese.

3. Langsam wird es voller. **Glas ist eine eigene Herausforderung,** da es von Weitem kaum auffällt und somit als Lücke wahrgenommen wird. Dieses Problem habe ich hier gelöst, indem ich es zusammen mit meinen „Dekotassen" gruppiere. Anstatt sie wie üblich im Pulk – ähnlich einer römischen Soldatenformation – zu stellen, formen sie hier eine **langgezogene Reihe** hinter den Tassen. Dadurch, dass das Große nach hinten rückt und das Kleine vorn steht, gewinnt das Regal an **optischer Tiefe.**

Sie können Glas aber auch mit Schleifenbändern und hängender Deko schmücken, um es sichtbarer zu machen.

Praxis-tipp

Viele dieser Tipps können Sie auch im Raum anwenden. Stellen Sie sich in die Mitte eines Zimmers und lassen Sie Farben in einem Dreieck um sich herumwandern. Ein großes Element wie zum Beispiel ein Sofa stellen Sie auf die eine Seite, dann stellen Sie eine Kommode in einem ähnlichen Ton in eine gegenüberliegende Ecke und ergänzen noch als „Kontrapunkt" (ein sogenannter kleiner Störer) ein Dekoelement auf der Fensterbank oder an der Wand. Wenn Sie diese Gegenstände mit imaginären Linien verbinden, entsteht ein Dreieck.

Auch der Tipp „Hohes an die Seiten" lässt sich gut auf den Raum übertragen. Ich rahme gerne Objekte wie zum Beispiel ein Sofa mit Stehlampen ein, um genau diese positive Schaukel zu erzeugen. Man könnte sich auch ein Smiley-Lachen denken. Es stimmt das Auge einfach fröhlicher.

Häufig wird zu viel „Weißheit" im Hintergrund zum Problem. Dabei kann es helfen, **Rückwände** zu **bekleben** oder einzelne Elemente an die Rückwand zu hängen oder zu stellen.
Das Tablett oben habe ich mit kleinen Mengen Sticky Tacs (ein kaugummiähnlicher Kleber) befestigt, damit es nicht wegrutscht. Omas altes Silberbesteck kann in Tassen gestellt eine langweilige oder niedrige Gruppierung durchbrechen und **optisch erhöhen.** Leinwände und Bilderrahmen können auch im Hintergrund für Höhe sorgen.

Es ist immer schön, wenn sich höhere Elemente an den **Außenseiten** befinden, sodass das **Auge** wie an einer Wäscheleine **von einer Seite zur anderen geführt** wird.

Kontrastreich gestalten

Auf den vorherigen Seiten haben Sie sich bereits mit dem Prinzip des asymmetrischen Gestaltens vertraut gemacht. Eine weitere Möglichkeit, um die Wohnung zu strukturieren, den Blick zu lenken und für einen gelungenen Gesamteindruck zu sorgen, ist das **Arbeiten mit Kontrasten.**

Dabei gruppiert man Gegenstände zusammen, die eigentlich Gegensätze bilden. Wenn sich solche starken Unterschiede gegenüberstehen, **ziehen sie sich an wie die Pole eines Magneten** und bringen sich gegenseitig zum „Leuchten".

Kontraste sind ein **zentrales Gestaltungsmittel** in der Kunst, aber auch im Bereich der Wohnraumgestaltung kann man mit ihnen spielen.

Komplementärkontrast

Wenn man Regenbogenfarben in einem Kreis anordnet, liegen sich die Farben gegenüber, die den stärksten Kontrast bilden. Man spricht von **Komplementärfarben**. Kombiniert man diese Farben, entsteht ein Komplementärkontrast: Rot und Grün, Gelb und Violett, Orange und Blau.

Diese Kontraste haben eine unglaubliche Wirkung. Ein rotes Sofa vor einer grünen Wand zum Beispiel, kann kaum schöner leuchten. Wollen Sie eine intensiv leuchtende rote Wand, dann malen Sie diese zuerst grün. Wenn Sie dann nach dem Trocknen rot darüberstreichen, bringen die grünen Pigmente unter dem roten Anstrich diesen zum Leuchten.

Hier sehen Sie ein Beispiel: Zu der orange wirkenden Holzwand bildet das hellblaue Betthaupt einen **spannenden Kontrast**. Gleichzeitig ist diese Kombination ein gutes Beispiel für einen Kalt-warm-Kontrast.

Auch im Bild auf der nächsten Seite sieht man sehr schön, wie die rosa Rosen zwischen den grünen Blumen im Gesteck leuchten, da hier der Rot-Grün-Komplementärkontrast seine Wirkung zeigt.

Kalt-warm-Kontrast

Farben empfinden wir als kalt oder warm. Diese gefühlte Temperatur hängt vom **Gelbanteil** ab und ist eine weitere Möglichkeit, um gezielt Kontraste zu schaffen. Wenn ich Wohnberatungen durchführe, lasse ich mich bei der Wahl der Wandfarbe vom Blick auf den Boden leiten. Hat der Fußboden zum Beispiel einen warmen Ton (brauner Teppich, Holzboden oder Laminat in Holzoptik, eine beige Fliese), dann öffnet sich in meinem Kopf automatisch der Farbfächer im Bereich der kalten Töne (blau, mint, grau). Ist der Boden eher kalt (blauer Teppich, graue Fliese, Linoleum in Steinoptik), dann greife ich zu warmen, erdigen Tönen (beige, braun, rot, grün).

Die großen Konstanten in Ihrem Raum sind ausschlaggebend. Die Dinge, die Sie nicht so einfach verändern können. Meistens sind das der Boden und die größeren Möbelstücke wie Polstermöbel. Es ist noch so egal, wie sehr Sie sich einen bestimmten Farbton an der Wand wünschen, wenn der Bodenbelag nicht damit harmoniert, lassen Sie besser die Finger davon.

Nimmt eine Farbtemperatur überhand, dann haben Sie zum Schluss entweder eine einzige warme Brühe, oder Sie fühlen sich wie in einem Kühlschrank. Das Spiel mit dem Kalt-warm-Kontrast sollte Sie wie ein gemütliches Boot durch Ihren Raum schaukeln.

Haben Sie einen warmen Boden und ein kaltes Sofa, ist das eine schöne Kombination. Die Grundfarbe des Raumes kann hier aufgrund des Bodens kalt sein und nur hinter dem Sofa könnte man die Wand mit einer warmen Farbe betonen. **Das ist ein schöner Hingucker.**

Haben Sie eine warme Bodenfarbe und ein warmes Sofa, retten Sie das Ganze, indem Sie zwischen Boden und Sofa einen Teppich in einem kühlen Farbton legen. Das **bindet** nebenbei auch die Sofagarnitur **optisch zusammen.**

Hell-dunkel-Kontrast

Auch wenn ich ein großer Fan von pastelliger Wohnein-richtung bin, ist es wichtig, die dunklen Farben nicht zu vergessen. Weiße Deko auf weißen Möbeln kann bei manchen Wohnstilen gewollt sein, doch ansonsten sehr fade wirken. **Bringen Sie Ihre Deko zum Leuchten.** Helle Deko passt in eine dunkle Holzvitrine. Hier würde dunkle Deko schnell düster wirken oder sie wäre nahezu unsichtbar.

Der klassische Schwarz-weiß-Kontrast ist eine sichere Bank und **gut mit vielen Stilen zu kombinieren.** Ich habe mit Absicht in meiner Küche und im Essbereich dunkle Akzente gesetzt, da sonst die Elektro-Geräte Einzel-kämpfer geworden wären.

Dunkle Fotos wirken durch ein helles Passepartout gleich frischer.

Quantitätskontrast

Wie Sie sicher schon vermutet haben, stehen bei diesem Kontrast die **Mengenverhältnisse** im Fokus. Das können verschieden große Flächen sein oder Farbmengen. Aufs Wohnen übertragen heißt das beispielsweise, dass eine Grundfarbe wie ein dezentes Grün deutlich häufiger vorkommt als ein knalliges Rot. Das sollte eher hier und da für dekorative Zwecke als bewusster Kontrast eingesetzt werden.

Der Quantitätskontrast wird auch gern Proportionskontrast genannt. Flächenverhältnisse lassen sich auch als **Gegen-überstellungen** wie **groß-klein, lang-kurz, breit-schmal, dick-dünn** umsetzen. Im Wohnbereich interpre-tiere ich diesen Kontrast gerne durch Deko-Kombinationen wie bauchige Vasen neben dünnen, hohen Kerzenständern. Große Wandflächen können durch eine Reihe schmaler, hoher, bemalter Leinwände durchbrochen werden.

Farbe-an-sich-Kontrast

Bei diesem Kontrast steht der Farbton im Vordergrund. Eine Untergruppe dieses Kontrastes nennt man auch bunt-unbunt Kontrast. Hierbei stellt man Farbtönen des Regen-bogenspektrums neutrale Töne wie Schwarz, Weiß und Grau entgegen. Das ist im Wohnbereich sehr schön umzu-setzen. Während mit Schwarz kombinierte Farben intensiver wirken, können sie mit Weiß abgeschwächt werden. Mit einem Grau kombiniert, wirkt die Farbe am neutralsten. Das ist einer der Gründe, warum graue und grau-beige Töne eine gute Wahl für die Wände oder Bodenbeläge sind.

In diesen Bereich würde ich auch einen Kontrast einordnen, den ich gemustert-ungemustert nenne. Auch wenn ich gerne unterschiedlich gemusterte Textilien zusammenfüge, um den Vintage-Stil zu betonen oder eine bewusste Lockerheit zu er-zeugen, sollte man hier etwas Vorsicht walten lassen. Vor allem zu Beginn sollten Sie besser **Gemustertes mit schlichtem Design kombinieren.** Oder bewusst unterschiedlich gemusterte Dinge aus einer Produktreihe wählen.

Materialkontrast

Zu guter Letzt möchte ich einen Kontrast beschreiben, den ich Materialkontrast getauft habe. Der wird besonders im oberen Bild deutlich. Hier treffen unterschiedliche Materialien aufeinander. Weiße Acryloberfläche, Steinvase, Metall-Lampenfuß, Bilderrahmen vor der Holzwand. **Holz spielt bei diesem Kontrast eine große Rolle.** Versuchen Sie unbedingt, unterschiedliche Holzarten nicht direkt auf-einandertreffen zu lassen. Legen Sie stattdessen beispiels-weise unter den Esstisch aus Holz einen Teppich, damit die Tischbeine nicht auf den Boden in anderer Holzoptik treffen. Vermeiden Sie einen grobgewebten Teppich unter einem Sofa mit grobgewebtem Bezug. Hier wäre eine Velour-Textur angebracht. Wenn Sie sich in der Küche für Holzfronten ent-schieden haben, vermeiden Sie eine hölzerne Arbeitsplatte und suchen Sie eher im Bereich der Steinoptik.

Lassen Sie sich nicht einschüchtern!
Die Vielzahl der Kontraste soll Ihnen nur die gestalterischen
Möglichkeiten aufzeigen. Sie müssen nicht alles auf einmal
umsetzen! Fangen Sie klein an und probieren Sie aus.

Küche
Esszimmer

Die Küche und der Esstisch sind das **Herzstück** einer Familienwohnung. Hier trifft man sich mindestens dreimal täglich und beredet Wichtiges und Unwichtiges.

Als ich auf einer Jugendfreizeit die Küchenleitung hatte, kam ich mir vor wie das Seelsorgebüro. Die Küche lädt zu tiefgründigen Gesprächen ein und welche **Hausparty** ist nicht selten in der Küche am besten?

So wie der Tisch hier aussieht, frühstücken wir natürlich nicht jeden Morgen. Ich hoffe, Sie gönnen mir den kleinen Spaß, mich zwischendurch **an der Tischdeko auszutoben,** da ich mich mit diesem Thema intensivst in der Vergangenheit beschäftigt habe.

Tischdecken ist eine Aufgabe im Haushalt, die schon die kleinen Kinder übernehmen können. Doch häufig bangt man dabei um sein schönes Geschirr.

Vielleicht fragen Sie sich, wo hier der große Unterschied zum pompös gedeckten Tisch auf der vorherigen Seite liegt. An diesem Tisch ist alles künstlich – bis auf das Essen natürlich.
Von den Blumen, über die LED-Kerze bis hin zum Melamin-Geschirr. So kann man den Tisch **stilvoll** und gleichzeitig **sehr kinderfreundlich** decken.

Melamin-Geschirr ist in vielen Farben erhältlich und kann von kunterbunt bis stilvoll zusammengestellt werden. Man kann auch eine bestimmte Farbe einem Kind zuordnen.

Ihrer Kreativität sind keine Grenzen gesetzt.

Der Alltagstisch

Ideen rund um den Esstisch

Tropfenfänger

Schnupfnasen gibt es in einer Familie gefühlt von Oktober bis Ostern, von Heuschnupfen reden wir noch nicht einmal. Deshalb sind Kleenexboxen aus Metall **immer erreichbar** auf beiden Seiten der Rückenpaneele an die Wand montiert und mit einem Sträußchen **als Teil der Wanddeko getarnt** worden.

Aus Umweltgründen, sollten sie aber nicht als Dauerlösung für Kleckermalheure dienen. Da ist es das umweltfreundlichste, einfach immer einen Waschlappen parat zu haben. In den Hochzeiten der Kleinkinderphase, hatten mein Mann und ich oft im Doppelpack einen griffbereiten Lappen liegen, um dreckige Fingerchen oder umgekippte Becher zu bändigen.

Rückenschoner

Um die Wand vor zappelnden Kinderrücken zu schützen, baute ich diese Wandpaneele.

Praxis-tipp

* Eine Spanplatte im Baumarkt auf die gewünschte Größe zusägen lassen.
* Versetzt Löcher für die Polsterknöpfe bohren.
* Schaumstoff in passender Größe und gewünschter Dicke bestellen.
* Nach Wahl mit Polstervlies überziehen. Da ich eine gerade Kante wollte, habe ich hier auf diesen Schritt verzichtet.
* Polster auf die Spanplatte legen, mit einem Stoff bespannen und diesen auf der Rückseite der Spanplatte fest-tackern. Für den Essplatz empfiehlt sich eine abwischbare Oberfläche. Hier bin ich meiner Linie treu geblieben und habe wieder Markisenstoff benutzt.
* Polsterknöpfe mit einem dünnen Stoff bespannen und mit einer langen Nadel, viel Geduld und einer Portion Kraft durch die vorgebohrten Löcher ziehen und hinten verknoten.

Die lange Bank

Um **Sitzmöglichkeiten** zu gewinnen und Platz zu sparen, ist eine Bank der perfekte Kandidat. Es ist kein extra Platz nötig, um Stühle nach hinten schieben zu können. Ist die Bank nur für Kinder gedacht, **gewinnen Sie noch mehr Raum.**

Diese Bank passt zwischen die Tischbeine, damit man bei Platzmangel den Tisch auch einfach mal darüber hinweg an die Wand schieben kann. Die Sitzfläche ist ebenfalls aus Platz-gründen verkürzt, so können kleine Kinderpopos besser darauf Platz finden, sich aber auch gut anlehnen, während die Beine trotzdem baumeln können.

Auf Bänken kann man mal schnell ein paar Kinder verstauen, wenn der Platz für so viele Stühle nicht gegeben ist. Das ist super, wenn die Kinder spontan ein paar Freunde mitbringen.

Tauftagsbilderreihe

Diese Bilder habe ich alle in Sepia entwickeln lassen und teilweise ausgeschnitten, auf schöne Geschenkpapiere geklebt und mit Namen und Datum versehen.

Namen, Daten, Termine sind wie Luft in meinem vielbesiedelten Gehirn. Leider kann ich das noch nicht mal auf die Kinderschar schieben, weil ich mit solchen Daten schon immer Probleme hatte.

Da uns Tauftage der Familie und auch unserer Patenkinder sehr wichtig sind, kam mir die Idee für diese Bilderreihe.

Sie ist **chronologisch** geordnet, **sodass man immer weiß, wer der nächste im Jahr ist,** und mit dem Datum des Tauftages versehen. So vergessen wir an dem Tag nicht, die Taufkerze anzuzünden, um in der Andacht die Person besonders ins Gebet schließen zu können.

Als Patentante versuche ich den Tag für meine Patenkinder dadurch hervorzuheben, indem ich jetzt ein kleines Geschenk vorbeischicke und nicht am Geburtstag. Aber selbst ein Gruß mit der Post **lässt diesen Tag im Alltagsstress nicht untergehen.**

Schaltzentrale Küche

Ich bezeichne die Küche liebevoll als **Schaltzentrale.** Die meisten wichtigen Entscheidungen werden am Küchentisch getroffen. Hier habe ich auch gern alle wichtigen Termine im Blick. An der Wand über der Arbeitsfläche habe ich eine **große Notiztafel.** Eigentlich war sie ursprünglich gar nicht als solche gedacht. Wir brauchten einen **Spritzschutz** an der Wand und wollten dafür eine glänzende Oberfläche, damit sich das Licht des kleinen Küchenfensters darin spiegeln kann und den Raum erhellt. Auf die Idee, diese Glasfläche einfach zu beschriften und als **Wochenplaner** zu nutzen, kam ich erst später. Nun ist hier für die ganze Familie sichtbar, was gerade anliegt. Von Terminen bis hin zum Mittagessen halten wir hier die wichtigsten Dinge fest.

Wenn Sie nicht genügend Wandfläche für Notiztafeln haben, können Sie auch die Tür nutzen. Ich habe zusätzlich für jedes Kind eine Tafel mit **wiederablösbaren Power-Strips** an die Tür geklebt.

Doch wo ist die typische Zettelwirtschaft? Die gibt es bei uns nicht! Zettel aus Schule und Kindergarten mit Terminen werden direkt im Kalender notiert und wenn sie noch weitere Infos enthalten, wandern sie in einen dafür angelegten Ordner. Wir haben auch einen **Ordner für die vielen Telefonlisten,** damit diese nicht immer sichtbar herumliegen müssen.

Praxis-tipp

Glasflächen können mit Whiteboard-Stiften beschriftet und wieder mit einem speziellen Schwamm abgewischt werden. Sie können auch einen nichtpermanenten Stift für die Notizen nehmen, die länger stehen bleiben sollen. Diese Beschriftung lässt sich nur mit einem feuchten Tuch abwischen und nicht mit dem Whiteboard-Schwamm.

Gut sortiert

Eine alte Küche kann man häufig leicht aufmotzen: eine neue Arbeitsplatte, einheitliche Griffe an zusammengewürfelte Schränke ... Man kann auch die Fronten manchmal streichen oder bekleben. Die Liste der Möglichkeiten ist lang und fast alles davon habe ich bei irgendeiner unserer vielen Wohnungen in die Tat umgesetzt. Das ist einer der Gründe, weshalb ich unsere nagelneue Küche zu schätzen weiß. Denken wir aber die schöne Optik weg, sind die **Funktionalität des Innenlebens** und eine **angepasste Arbeitsflächenhöhe** eine unglaubliche neue Erfahrung, die ich nicht missen möchte.

Hat man also die Chance auf eine neue Küche, kann ich zu Folgendem raten. Bleiben Sie auch hier bei den **Farben neutral**, den **Formen schlicht** und bringen Sie **Farbakzente** durch Wandfarbe und Accessoires ins Spiel. Das macht die Küche zeitlos, was bei dem Preis schon wichtig ist.

Gewürze

Wenn man Gewürze sichtbar lagert, kann das optisch eine sehr unruhige Sache sein. Hier habe ich Soßenfläschchen vom Etikett befreit und mit Gewürzen befüllt. Da ich von oben draufschaue, habe ich einfach die Deckel beschriftet. Auf manche Soßenflaschen passen sogar die originalen Streuaufsätze.

Gleiches zu Gleichem

Sortieren sie Gleiches zu Gleichem. Ich trenne sämtliche Deckel von Schüsseln und Töpfen, so kann ich sie besser ineinanderstapeln.

Für Topfdeckel gibt es eigens erdachte Halter, so kann man diese vertikal hintereinanderschichten. Auch die Tupperdeckel sind vertikal in alte Aktensortierer eingeordnet, nach Form (rund groß, rund klein, eckig).

Aus der „Vogelperspektive" haben Sie einen besseren Überblick über Ihren Deckelbestand.

Das Prinzip hilft auch bei stapelbaren Gegenständen. Von den Messbechern bis hin zur Butterglocke. Schauen Sie sich in Ihrer Küche um, wo es sich lohnt, auszusortieren, zu verschenken oder zu verkaufen und gleiche Größen anzuschaffen. Sie mögen jetzt denken: „Wie verschwenderisch, funktionierende Gegenstände auszusortieren, die nicht ineinander stapelbar sind …". Rechnen Sie einmal, wie teuer ein Küchenschrank und sein Stauraum ist. Da lohnt es sich häufig, umzurüsten, gerade wenn der Stauraum auch noch knapp ist.

Karussell

Eckschränke sind immer eine Herausforderung. Sie sind nicht gut zugänglich, können theoretisch unglaublich viel Stauraum bieten, aber Küchenkarussells sind sehr kostspielig. Bauen Sie sich doch einfach selber eins!
Schütten Sie zwischen zwei runde Tabletts einen Sack herkömmliche Murmeln oder Perlen. Und schon können Sie alles drehen. Murmeln sind schwerer und lauter, lassen sich aber besser drehen und Perlen lassen sich dafür aber gut für „tragbare" Varianten nutzen. Ich nutze diese Karussells für Nüsse in Gläsern und Gewürze, aber auch für unsere Marmeladen auf dem Frühstückstisch. So hält sich das ewige Rumreichen in Grenzen, wenn jeder seine benutzte Marmelade gleich wieder auf das Tischkarussell zurückstellt, außerdem lässt es sich dann leichter wieder wegräumen.

Für das Nusskarussell einfach gleiche Gläser sammeln und befüllen.

Stauraum-
WUNDER

Hinter verschlossenen
Türen ...

... lässt es sich um einiges enger stapeln.

Einen Teil unseres Geschirrs haben wir aus der Küche ausgelagert und einen Schrank zweckentfremdet, der nicht unbedingt als Küchenschrank gedacht war.

Viele Schranksysteme ermöglichen es, sehr individuell mit Regalböden nachzurüsten. Passen Sie die Höhe der jeweiligen Geschirrsorte an. Dann können sie zum Beispiel für jede Tassenreihe ein Regalbrett reservieren und müssen diese nicht in einer Doppelreihe ineinanderstapeln. Das **schützt** das Geschirr und es ist **einfacher zu erreichen**. Wenn Sie keine Regalböden mehr nachkaufen können, lohnt sich der Gang in den Baumarkt. Dort können Sie sich Bretter **individuell** zusägen lassen.

Wenn die Türen undurchsichtig sind und das Geld knapp, dann reicht auch mal eine einfache Spanplatte als Einlegeboden. In dem Fall **steht die Funktion über der Ästhetik.** Man kann ja alles anstreichen.

Praxis-
tipp

Sind keine Bohrungen in den Seitenwänden des Schrankes vorhanden, trauen Sie sich, selber welche zu machen. Messen Sie, wie tief Sie in die Seitenwand bohren dürfen und markieren Sie den Abstand einfach mit einem weißen Marker direkt auf dem Bohrer.

Das Glas dieser Schranktüren
war mal gefrostet, aber nicht
blickdicht. Deshalb habe ich
sie von innen mit restlicher
Wandfarbe gestrichen.

Funktion vs. Ästhetik

Eine Küche sollte in erster Linie gut funktionieren.
Das sollte durch die Deko nicht beeinträchtigt werden.

Arbeitsfläche kann man bei einer kleinen Küche fast mit Gold aufwiegen, deshalb sollte möglichst vermieden werden, sie mit Dekoration vollzustellen.

Mit diesem Regal über der Wochenplanerwand habe ich mir einen Raum geschaffen, der hauptsächlich dekorativen Zweck hat, dafür den Abläufen in der Küche nicht in die Quere kommt.

Abgesehen davon setze ich Farbakzente nur durch Textilien wie Handtücher und Topflappen.

Meine Kochbücher habe ich einfach in Geschenkpapiere eingeschlagen und zum Hingucker gemacht.

Ein **Vorhang** unter der Arbeitsplatte ermöglicht **Stauraum** für das Sammeln von Altpapier und Altglas.
Wir **sparen** uns hier einen Küchenschrank und haben gleichzeitig das Problem mit dem Heizkörper gelöst.

Deko kann auch mithilfe von **Klebehaken** unter den Hängeschränken platziert werden, damit keine Arbeitsfläche dafür verschwendet wird.

Bedenken Sie, dass E-Geräte auf der Arbeitsfläche auch immer einen dekorativen Charakter haben.

Durch **einheitliche Farbgebung**, aber auch besonders durch **Sauberkeit** können diese positiv in Erscheinung treten. Die Kaffeemaschine und der Wasserkocher sind schon einige Jahre alt, aber durch gute Pflege (Entkalker, Edelstahlreiniger und Dampfreiniger) sehen sie immer noch aus wie neu.

Alles unter einem Dach

Für unsere Kinder haben wir ein eigenes Spielzimmer eingerichtet. Das wichtigste Stück darin ist das Spielhaus, das ich um ein ausrangiertes Kinderbett herum gebaut habe.

Theoretisch gibt es unendliche viele Spiele und Spielbereiche. Alle brauchen sie ihren Raum und passende Utensilien. Ein Überangebot verwirrt die Kinder. Als ich das Spielhäuschen entwarf, machte ich mir deshalb zuerst Gedanken darüber, was ich alles darin unterbringen möchte.

1. **Einen Kletterbereich mit Bällebad**

2. **Eine Aufbewahrungsmöglichkeit für Verkleidungssachen, in der auch Kleider aufgehängt werden können**

3. **Einen Kaufmannsladen**

4. **Eine Küche**

Von Bekannten hatten wir ein kleines Hochbett mit Rutsche bekommen. Das wurde der Grundstock meiner Konstruktion. Nach vielem Überlegen habe ich das Haus direkt an der Zimmerwand aufgebaut, so blieb möglichst viel **freie Fläche zum Spielen** im Zimmer übrig.

Zu guter Letzt stellte sich die Frage nach dem Motto des Raumes. Mein Mann war mit allen Ideen einverstanden, er hatte nur eine Einschränkung: „Mach, was du willst, aber Rosa ist tabu!" In anderen Worten sollte der Raum trotz unserer vielen Mädchen möglichst **geschlechtsneutral** sein. Da wir diesen Raum hin und wieder auch für die Gemeinde nutzen, bin ich auch über diese Entscheidung froh. Als großer Fan des Long-Islands-Einrichtungsstils habe ich das **maritime Thema** als Konzept für den Raum aufgegriffen.

Vom Schnuller über Fische, bis hin zum künstlichen Seegras, kann man sich herrlich austoben.

Küche

Klettern und
schaukeln

Verkleidungs-raum

Kaufmannsladen

Die Kinder lieben ihr Spielhaus. Es gehört zwar zu den größten und aufwändigsten Projekten in unserer Wohnung, die Mühe hat sich jedoch gelohnt.

Also nur Mut! Sie müssen es nicht unbedingt gleich ganz so massiv angehen. Auch aus großen Kartons lassen sich mit etwas Kreativität und Geschick kleine Spielhäuser bauen.

Das Schiff an der Wand führt den **maritimen Look** des Spielzimmers konsequent fort und schützt gleichzeitig die Wand an dieser Stelle, wenn wir davor eine **Schaukel** von der Decke hängen.

Für dieses Schiff habe ich Dreiecke aus Stoff genäht, aus **Stoffresten** Buchstaben ausgeschnitten und mithilfe von Bügelvlies darauf appliziert.

Das Boot ist eine einfache MDF-Platte, die ich bemalt habe, und der Mast entstand aus einer **gestrichenen Holzleiste.** Die Fahne habe ich mit Stofffestiger stabilisiert und welligtrocknen lassen.

Schifflein,
Schifflein
an der
Wand

Spielraum

Auch wenn ein Laufgitter scherzhaft oft als Freiheitsberaubung betitelt wird, habe ich über die Jahre festgestellt, dass es ein Ort der **spielerischen Entfaltung** ist. Hier kann sich ein Kind frei aufs Spielen konzentrieren, ohne durch warnende Rufe der Eltern gestört zu werden. Es ist ein **Ort der Sicherheit –** selbst wenn man es genau andersherum benutzt, und dort Dinge hineinlegt, die vor dem Baby geschützt werden müssen.

Das Laufgitter unseres Babys steht im Wohnzimmer. Damit es sich harmonisch in den Raum einfügt, habe ich den ursprünglich quietschbunten Boden einfach neu bezogen. Hier ist wieder mein geliebter **Markisenstoff** zum Einsatz gekommen. Neben seiner Optik hat er außerdem den Vorteil, dass er auch nicht so schwitzig ist wie die typischen laminierten Bezüge.

Mit einigen kleinen Kissen wirkt der Laufstall gleich etwas gemütlicher und passt sich besser an die Umgebung an.

Als wir noch sehr beengt wohnten, waren wir auf vielfältige Nutzungsmöglichkeiten dieses Laufgitters angewiesen. Unter den Bezug haben wir eine **dickere Lage Schaumstoff** gelegt, damit es zur Not auch als Bett herhalten kann.

Eine **integrierte Schublade** unter dem Laufgitter ist eine tolle **Stauraumlösung**. Wenn die Kinder in das Alter kommen, in dem sie mit Freude Spielzeug aus dem Laufgitter schmeißen, kann man diese Schublade einfach öffnen und spielerisch das Aufräumen üben.

Zur Geburt unserer fünften Tochter machte mir der Handarbeitskreis ein tolles Geschenk. An ein umhäkeltes Gummiband wurden lauter genähte und gehäkelte Objekte gehängt. Herzen mit eingenähten Glöckchen, mit Stoff umwickelte Styroporkugeln, gestrickte Häschen. Diese kann ich dann je nach Alter, Saison und Farbschema neu kombinieren. Das Band kann man im Ställchen **flexibel aufhängen** und die **Höhe regulieren.** Durch das Gummi, kann das Baby sich die Sachen schnappen und zu sich ziehen. Hier ist es nur sehr wichtig, dass alle Teile immer gut vernäht und befestigt sind und keine Kleinteile vorhanden sind, die verschluckt werden könnten.

und Ruhezone

Ordnung ist das halbe

Kinder zum Aufräumen zu bewegen, ist grundsätzlich eine Kunst.

Diese **Sticker** für die Boxen zu erstellen auch. Denn was helfen gut beschriftete Kästen, wenn der Nachwuchs sie noch nicht lesen kann. **Außerdem animieren hübsche Bilder eher zum Ordnen.**

Egal welches Ordnungssystem Sie zu Hause entwickeln, es muss für das Kind **nachvollziehbar** sein. Jede Sache braucht auch hier wieder seinen Platz. Ist dieser Platz zu klein und müssen die Sachen hineingestopft werden, fühlt sich das Kind dabei nicht wohl.

Geben sie dem Kind mehr Raum als Spielsachen, damit es sich entfalten und nach der **Entfaltung** auch alles wieder aufräumen kann.

Aufräumen soll nicht länger dauern als das Spiel selbst. Zu viel Kram überfordert auf Dauer Kinder und schränkt ihre Kreativität ein.

Alles muss seinen Platz haben und das mit etwas Luft. Deckel müssten sich leicht schließen lassen.

Nur so haben Kinder überhaupt eine Chance, eigenständig aufzuräumen.

Die Sticker für die Boxen können Sie sich herunterladen und ausdrucken. Unter www.scm-shop.de das Buch aufrufen und Downloads auswählen.

Praxis-tipp

Kinderleben

Aufräumen nach Plan

Aufräumen ist ein Thema, das meistens zu Konflikten und Stress führt. Es muss jedoch gelernt werden. Natürlich kostet es uns viel Energie und verlangt einiges an **Kreativität,** es unseren Kindern beizubringen.

Dabei muss sich jedes System, das man entwickelt, immer wieder neuen Umständen anpassen. Wenn man gerade denkt, dass man endlich die ideale Lösung gefunden hat und die Kinder verstehen, worum es geht, zieht man um, oder sie werden älter und spielen einfach anders oder ein neues Kind gesellt sich dazu ...

Ich habe schon die unterschiedlichsten Strategien getestet, aber habe nie aufgegeben. Man räumt natürlich auch immer mal wieder seinen Kindern hinterher, aber Eltern sollten nie die Diener ihrer Kinder werden. Was sie ausräumen, können sie auch wieder einräumen. Sonst ist das Spielzeug noch nichts für sie.

Die Menge der Spielsachen, die den Kindern zur Verfügung gestellt wird, sollte **ihren Fähigkeiten entsprechen** und so bemessen sein, dass sie es auch wirklich wieder wegräumen können. Egal, wie ich Spielsachen sortiere, einiges bewahre ich immer außerhalb der Reichweite der Kinder auf. Also auch außerhalb der Sichtweite.

und mit Stil

Es mag kompliziert sein, immer wieder Kisten auf den Dachboden und in den Keller zu schleppen, aber es zahlt sich im **Ordnungsverhalten** der Kinder aus. Beim ersten Kind beginnt man mit ein wenig Spielzeug und steigert sich mit dem Alter langsam. Das Ganze wird von selbst komplizierter und arbeitsaufwendiger, je mehr Kinder in unterschiedlichen Altersgruppen man hat.

Bei uns hat sich Folgendes bewährt: Es gibt **Spielwochen.** Freitagabend füllen wir eine große Spieltruhe mit einer neuen Sorte. Das hat den Vorteil, dass die Kinder am Samstagmorgen mit dem schönen neuen Spielzeug beschäftigt sind und mich fröhlich ausschlafen lassen. Am folgenden

Freitagabend stelle ich ihnen die große Plastikbox aus dem Abstellraum wieder hin und die Kinder können alles wieder einräumen mit der Vorfreude auf etwas Neues, wenn sie am Samstagmorgen aufwachen.

So gibt es **Kaufmannsladenwoche, Puppenwoche, Barbiewoche, Duplowoche** … Selbst wenn etwas nicht so den Geschmack oder die Altersgruppe trifft, so dauert es ja nur eine Woche, bis etwas Neues kommt. Und in dieser Woche können sich dann auch die Kritiker mit der Spielsorte arrangieren. Schön ist hier, dass auch die Großen immer wieder richtig schön spielen, selbst mit „Babykram".

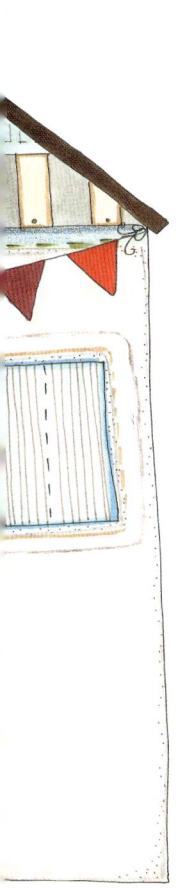

GÄSTEZIMMER

Ein Raum voller

Gastfreundschaft

Immer bereit !

Wir dürfen uns glücklich schätzen, in unserem Leben schon viel gereist zu sein. Das war aber nur möglich, da wir viele liebe Verwandte und Bekannte haben, die über die halbe Welt verteilt leben. Dadurch kamen wir in den Genuss von vielen schönen Gästezimmern und ich habe mich davon immer wieder inspirieren lassen. Als wir in diese Wohnung zogen, war uns klar, dass wir den Komfort und die Gastfreundschaft, die uns entgegengebracht wurde, gerne zurückgeben möchten.

Bequeme Matratzen sind der Grundstock für ein gutes Gästezimmer. Denn jede Reise ist nur halb so schön, wenn einen der Rücken plagt. Unser Gästebett ist immer bezogen und mit einer **Tagesdecke** geschützt, damit wir auch offen für spontane Übernachtungsgäste sind.

Nun mag man sagen, dass es eine Verschwendung sei einen kompletten Raum immer für Gäste bereitzuhalten. Doch wenn um mich herum das Chaos wütet, ist dieser immer „perfekte Raum" ein wahrer **Rückzugsort.** Hier setze ich mich auch gerne auf das Bett und genieße meine Zeitschrift. Im Schrank steht meine Pilatesmatte, denn Entspannungssport macht auch mehr Spaß in einer harmonischen Umgebung. Auf der großen Bettfläche lässt sich auch prima Wäsche zusammenlegen.

Lange nutzten wir das Gästezimmer auch als **Wickelraum.** Man findet immer Möglichkeiten, ein Zimmer auf **vielfältige Weise** zu nutzen. Trotz allem liegt für uns der Schwerpunkt auf der Gastfreundschaft.

Seid gastfreundlich und
öffnet für
Gäste euer Haus. Römer 12,13

Die Gäste kommen

Handtücher

Mit einem Schleifenband versehen, können einfache Handtücher zum Hingucker werden und liebevoll darauf hinwei-
sen, wie sehr man sich auf den Gast freut.

Wasser und Gläser

Die Flasche des Edelwässerchens wurde von Calvin Klein
designed. Mit einem scharfen Messer habe ich die Aufschrift
abgekratzt und fülle diese schöne Flasche nun mit Wasser
oder Säften.

Frische Blumen

Sei es eine kleine Blume aus dem Garten in einer Minivase oder eine nette Topfpflanze. Frisches Grün drückt die Freude über das Kommen der Gäste aus.

Für kleine Gäste

Der Wickeltisch kann in eine Kommode verwandelt werden. So kann das Gästezimmer Singles und kinderlose Paare beherbergen, aber auch schnell für Familien mit Kindern hergerichtet werden.

Übriggebliebene Windeln in den verschiedensten Größen können hier für die kleinen „Gäste in Not" aufbewahrt werden.

Wenn Gäste mit schlafenden Kindern anreisen, können Sie eine warme (Achtung, nicht heiße!) Wärmflasche ins Kinderbett legen, damit das schlafende Kind leichter wieder einschlafen kann.

Praxis-tipp

Babykammer

Da wir viele Verwandte und Freunde mit Kindern haben, ist immer mindestens ein Kinderbett einsatzbereit. Es mag etwas ungewöhnlich sein, ein Kind in die Abstellkammer zu verfrachten, doch ich habe mich intensiv darum gekümmert, sie in eine schöne Schlafstätte für Kleine zu verwandeln. Der Vorteil dabei ist, dass das Bett **nicht immer präsent** ist.

Ein Regal trennt den Raum nach hinten ab. An das Regal habe ich eine zugesägte Platte geschraubt und diese gestrichen. Nun stehen dahinter versteckt lauter Kartons und das Regal kann ich auch noch von hinten füllen.

Damit auch der Durchgang verhängt ist, habe ich hier einmal mehr meinen **Lamellen-Trick mit Markisenstoff** angewendet. An der Schräge wurde eine Holzleiste befestigt, um dann die Lamellen daran zu tackern.

Durch kleine Accessoires wie Bilder und Hakenleisten wird der kleine Raum gemütlich. Eine **separate Heizung** macht den Raum auch noch dann schön warm, wenn die Minusgrade kommen.

ABSTELLKAMMER, KELLER & CO

Zeigt her eure Kleider, zeigt her eure Schuh

Abstellräume, Keller und Speisekammer sind in den meisten Häusern die absoluten Chaosorte. Auch ich gönne es mir, in diese Räume Dinge zu verbannen, die nötig, aber wenig dekorativ sind. Auch schmeiße ich in der Schnelle mal ein paar unsortierte Sachen hin, mit dem Vermerk, mich später drum zu kümmern. Um den Überblick über „Langzeithortungen" zu wahren, ist aber gerade hier eine gute Ordnung und ein umso besseres Sortiersystem nötig.

Wer viele Kinder hat, bei dem sammeln sich Massen an Spielzeug und Kleidung an. Je schlechter diese sortiert sind, umso mehr Zeit werden Sie beim Suchen brauchen.

Es lohnt sich, hier im Vorfeld etwas Zeit und auch etwas Geld zu investieren und beides auf lange Sicht zu sparen.

Sortieren Sie Kleidung nach Sorten und packen Sie lieber kleine Kartons mit nur einer oder zwei Größen. Das lässt Sie in der Eile schneller das Gewünschte finden, als wenn sie sich erst einmal durch übergroße Kartons und Kisten wühlen müssen. Bilder stechen mehr ins Auge als eine Minibeschriftung und erhöhen ebenfalls die Schnelligkeit und Trefferquote.

Durch Weisheit wird ein Haus gebaut und durch Verstand erhalten, und durch ordentliches Haushalten werden die Kammern voll kostbarer, lieblicher Habe.

Sprüche 24,3 (LUT)

Stapelware

Zu viele Gegenstände in zu vielen unterschiedlichen Kartons rauben Ihnen Stauraum. Das ist wie beim Tetrisspielen. Schnell ist der Platz mit unterschiedlichen Gegenständen in ihren jeweiligen Originalkartons gefüllt und dazwischen hängt eine Menge Luft mit ungenutztem Raum. Wenn Sie

einmal durchrechnen, wie viel jeder Gegenstand an barem Geld kostet, wenn Sie bedenken, dass jeder Quadratmeter Miete kostet, dann lohnt es sich, in ein paar **gute Sortiersysteme und Kartons** zu investieren. Ganz besonders beim Werkzeug ist es anstrengend, sich erst durch ein Chaos

zu wühlen, wenn man nur mal schnell einen Schraubendreher braucht. Gut beschriftet und in **einheitliche** Koffer verpackt, lassen sich manchmal zwei bis drei Geräte auf einmal unterbringen, sodass man sich hier von den Originalverpackungen einfach trennen kann.

Unsere Wäschekammer ist extrem klein, eng und hat zu allem Überfluss auch noch eine Dachschräge. Ein Albtraum für große Menschen. Doch die Räume, die man vermeiden möchte, aber in denen man gezwungenermaßen viel Zeit verbringen muss, kann man auch ordentlich und angenehm gestalten. Ja, auch in einer Abstellkammer kann etwas Farbe an die wild verputzte Wand und ein gemütlicher Badteppich vor Waschmaschine und Trockner sorgt selbst in der Wäschekammer für ein **Mindestmaß an Gemütlichkeit.**

Die vielfältigen Putzmittel können besser hinter verschlossene Türen, als lieblos auf die Geräte gestellt werden. Besonders wenn Waschmaschine und Trockner im Badezimmer oder der Küche Platz finden müssen, kann man sich beim Verstauen der vielen Wasch- und Putzmittel Mühe geben.

Sie werden es kaum glauben, aber ich besitze **12 Wäschekörbe.** Ich nutze sie für alle Arten von Wäsche und zum Aufräumen. Da sie alle von einer Sorte sind, kann man sie ineinanderstapeln und sie **rauben, wie auch die Putzeimer, wenig Platz.** Muss ein Korb irgendwo herumstehen, ist es von Vorteil, dass alle in dezentem Weiß gehalten sind. Knallige Wäschekörbe machen die eh schon negativ behaftete Wäscheproblematik nicht schöner und lenken den Blick auf Arbeit, die noch erledigt werden muss. Und da sind wir uns doch alle einig: Wäscheberge muss man schon genug bewältigen, da braucht man keinen optischen Hingucker, um sich das in Erinnerung zu rufen.

ARBEITSZIMMER

Nun sind wir beim Arbeitszimmer angelangt. Mein **wichtigster Stauraumort** in diesem Haus. Hier lagere ich all das Hab und Gut, das mir persönlich wichtig ist: Kleidung, Bastel- und Nähutensilien, Fotozubehör, Dekomaterialien … Die Liste ist lang! Hier im Arbeitszimmer möchte ich zum wichtigsten Punkt der Wohnraumgestaltung kommen: dem **Trennen** von Dingen, dem **Weggeben** und **Wegschmeißen**, dem **Ausmisten!** Kurz: dem Schaffen einer dauerhaften Struktur.

Gut sortiert ist schnell

Die Basis

Schon als Kind war ich von allem fasziniert, was mit **Wohngestaltung und häuslicher Organisation** zu tun hatte. Je älter ich wurde, desto mehr deprimierten mich jedoch diese Hochglanzbilder der Perfektion. Realistischerweise sagte ich mir: Das schafft man doch im wahren Leben nicht. Nun mögen Sie vielleicht an dieser Stelle des Buches ähnliche Gedanken haben und ich möchte Sie erst einmal beruhigen: Bei uns liegt auch mal was herum und gelegentlich bricht auch das Chaos aus. Aber das Wichtige ist, dass es eine **Grundstruktur** gibt, zu der ich zurückkehren kann, wenn solche Chaossituationen eintreten. Diese Grundstruktur sieht wirklich so aus, wie Sie es hier im Buch sehen. Die Chaossituationen sind wesentlich schneller unter Kontrolle zu bekommen, wenn alles seinen Platz hat und **wenn dieser auch noch hübsch aussieht.** Aufräumen und Putzen machen keinen Spaß, wenn Sie schon im Vorfeld wissen, dass das Endergebnis Sie sowieso nicht zufriedenstellt.

Es ist tatsächlich machbar, eine ordentlich strukturierte und schöne Wohnung mit Familie zu haben. **Es ist kein unrealistischer Traum!**

Träumen und Planen

„Warum kommen wir erst jetzt zu den Grundlagenthemen, wenn sie doch so wichtig sind?", mögen Sie sich fragen. Bevor Sie mit dem **strukturierten Umgestalten** beginnen, müssen Sie schließlich erst einmal wissen, was überhaupt noch sortiert und gestaltet werden muss. Man räumt ja auch ein Zimmer erst auf und beginnt dann, es zu dekorieren. Also, warum steht dieses wichtige Thema nicht gleich auf den ersten Seiten des Buches?

Ganz einfach: Am Anfang eines Projekts steht immer der Traum. Je **konkreter** Ihr Bild davon ist, umso stärker motiviert es Sie beim Umsetzen.

gefunden

Mein Traum

Was hat mich angetrieben, wie sah mein Traum aus?

Ich wollte nicht Stunden mit dem Kopf nach unten verbringen. Ich bin groß und ich hasse es, mich zu bücken. Es macht mich auf Dauer ungenießbar, wenn ich meine Zeit damit zubringe, Dinge aufzuheben und Familienmitgliedern hinterherzuräumen. Verstehen Sie mich nicht falsch, ich **liebe den Job der Familienfrau,** aber jeder braucht einen Ausgleich. Meinen Ausgleich halten Sie in den Händen. **Jeder Ausgleich braucht Zeit.** Und mein großer Traum war es deshalb, so wenig Zeit wie möglich mit Aufräumen zu verbringen. Spätestens beim 3. Kind muss man nämlich als Mutter feststellen, dass es in Sachen **Zeitmanagement** nur noch das Tauschprinzip gibt. Man hat 24 Stunden am Tag und nachdem man die kleinstmögliche Stundenanzahl für den Schlaf abgezogen hat, bleibt einem neben Haushalt und Alltagsleben nicht mehr wirklich viel Zeit für persönliche Dinge und manchmal kaum Zeit für die Lieben.

Da hilft nur noch **Tauschen**. Alle Zeit, die Sie beim lästigen Putzen und Aufräumen einsparen, kann direkt auf Ihr **Freizeitkonto** wandern.

Ich wollte eine Wohnung, **die mir dient** – und nicht ich ihr. Ich möchte mich darüber freuen, mein Zuhause zu betreten. Es soll ein **Ort der Gemeinschaft** sein, an dem ich als Mutter nicht zum Sklaven der Hausarbeit werde. Ein Ort, an dem ich **entspannen** kann, obwohl er mein Hauptarbeitsplatz ist. Und obwohl ich immer kreative Projekte haben werde, sollen sie im Wohnbereich auch irgendwann einmal enden, damit ich den Kopf frei habe für kreative Projekte außerhalb der eigenen vier Wände. Den freien Kopf habe ich jedoch nur, wenn ich weiß, dass zu Hause die „Maschinerie Haushalt" läuft. Dann muss ich mich nicht grundsätzlich entscheiden zwischen Familie, Job, Hobby, Gemeinde, Ehrenamt auf der einen Seite und einem geordneten Haushalt auf der anderen.

Der Wunsch nach **mehr Zeit** wurde zu meiner wichtigsten **Motivationsquelle**. Ich stellte mir so konkret wie möglich vor, wie das Ergebnis aussehen könnte. In meinem Kopf entstanden Bilder von Ruhe und unabgelenkter Aufmerksamkeit für Kinder und Mann. Vom Freiheitsgefühl während des Joggens, dem Geräusch des Kameraauslösers und dem Klackern meiner Tastatur. Ich stellte mir vor, wie ich Momente **befreiter genießen** kann, **konzentrierter** bin, weil ich mich nicht ständig von irgendeiner Haushaltpflicht ablenken lasse.

Ihr Traum

Jetzt sind Sie dran. Wie sieht Ihr Traum aus, welches Ziel kann Sie motivieren? Stellen Sie sich Situationen, Gefühle und Bilder vom gewünschten Ergebnis so konkret wie möglich vor. Halten Sie all das fest und schreiben Sie es am besten auf.

Aber Achtung:

1. Lassen Sie sich nicht entmutigen, wenn sich Ihr Traum nicht eins zu eins umsetzen lässt. Er soll Sie motivieren – Sie aber nicht unter Druck setzen.

2. Der absolute Tod der Kreativität ist Neid. Was die Nachbarn mit dem großen Haus, oder die Freundin mit dem schönen Auto und den besseren finanziellen Möglichkeiten machen, kann Ihnen egal sein. „Ja, unter den Umständen wäre es bei mir auch schöner, aufgeräumter, besser ...", denken viele. Auch ich erwische mich dabei. Doch bedenken Sie, dass man nach außen hin immer die Dinge sieht, die andere haben, aber selten, was sie nicht haben, oder wie hart sie dafür arbeiten mussten. Neid blockiert und lähmt Sie.

3. Ich verspreche Ihnen kein Schlaraffenland. Ohne Fleiß kommen Sie nicht weit. Aber der Einsatz lohnt sich!

Also Ärmel hochkrempeln und los!!!

Entrümpeln

Während der vergangenen Jahre haben wir teilweise sehr beengt gewohnt. Zwangsweise machte ich aus dem Thema **Verstauen und Unterbringen** eine eigene Kunst. Doch je mehr Erfahrung ich darin sammelte, umso klarer wurde mir, dass die eigentliche Kunst im Aussortieren liegen muss und das Verstauen erst an zweiter Stelle steht. Es gibt eine große Menge Literatur zu diesem Thema, viele kluge Menschen haben viele gute Tipps zusammengetragen.
Die meisten habe ich irgendwann einmal ausprobiert. Ich habe Ordnungssysteme getestet, verworfen, angepasst, uminterpretiert … frei nach dem Motto **„Prüft aber alles und das Gute behaltet".** Aus all diesen Erfahrungswerten entstand meine eigene, familientaugliche Version. Die stelle ich Ihnen auf den nächsten Seiten vor.

Um ein neues Haushalts- und Ordnungssystem erfolgreich und langfristig anzuwenden, hilft alles nichts, man muss einmal komplett **Tabula rasa** machen. Das passiert in **drei Schritten:**

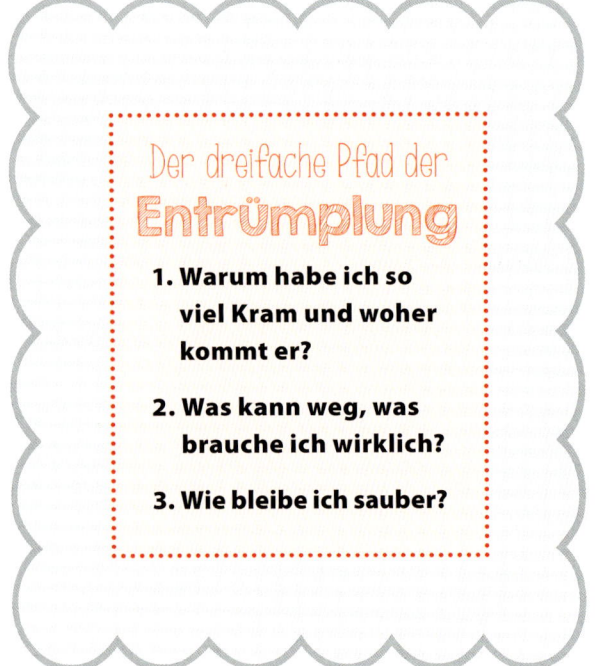

Der dreifache Pfad der **Entrümplung**

1. **Warum habe ich so viel Kram und woher kommt er?**

2. **Was kann weg, was brauche ich wirklich?**

3. **Wie bleibe ich sauber?**

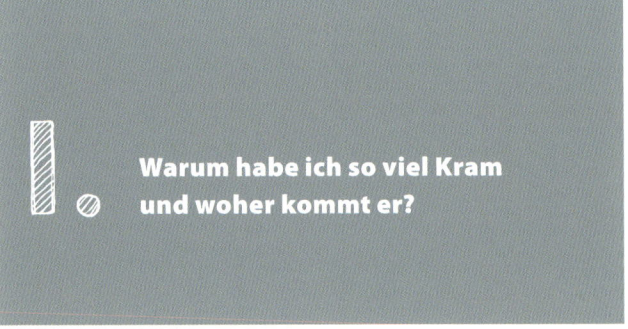

I. **Warum habe ich so viel Kram und woher kommt er?**

Ich habe mir angewöhnt, das Haus in einem **jährlichen Rhythmus** zu durchforsten. Ich gehe von Raum zu Raum und von Schrank zu Schrank. Denn meine Kunstfertigkeit, Dinge zu ordnen und sie zu verstecken hatte dazu beigetragen, ein Chaos des Hortens zu vertuschen. Auch wenn es ordentlich sortiert und aufgeräumt war, konnte ich irgendwann die Tatsache nicht mehr leugnen, dass ich zu viel Kram hatte und dass dieser mich belastete.
Selbst wenn man blickdichte Schranktüren hat, weiß man genau, welche Leichen sich dahinter verbergen. Und das beschwert einen unbewusst. Dieses Problem ist ganz klar ein Luxusproblem unserer Zeit. Zu viel haben ist natürlich nie so schlimm wie zu wenig haben. Doch ein Problem ist ein Problem und es sollte gelöst werden.

Aber warum haben wir überhaupt so viel?

Wir sind in den letzten 100 Jahren durch die Industrialisierung, die Ära der Massenproduktion, gegangen und zu einem starken Materialismus erzogen worden. Das Überangebot der Waren hat einerseits dazu geführt, dass Dinge des täglichen Bedarfs günstig und einstige Luxusprodukte **für jedermann verfügbar** wurden. Massen- und Überproduktion funktionieren auf Dauer jedoch nur, wenn auch die Bedürfnisse der Käufer mitwachsen. Hier kann man sich voll und ganz auf die menschliche Natur verlassen: **Immer mehr haben zu wollen ist tief in uns verwurzelt.** Immer Neues und Schönes besitzen zu wollen, ist auch ein Weg, die eigene Sterblichkeit zu verdrängen.

Aber Werbung, minderwertige Wegwerfprodukte, Schnäppchen und Upgrades in den unterschiedlichsten Formen machen uns nahezu zu **Junkies des Habenwollens.**

Wenn Sie sich durch das Entrümpeln im zweiten Schritt deutlich vor Augen geführt haben, was Sie alles **Unnötiges** besitzen und in welcher Quantität, setzt das schlechte Gewissen ein und die Erkenntnis, **dass uns diese Dinge dem Lebensglück nicht unbedingt näherbringen, sondern einfach nur beschweren.**
Diese Erkenntnis ist übrigens nicht neu, die Aufforderung zum Perspektivwechsel findet man schon in der Bibel:

Sammelt keine Schätze hier auf der Erde! Denn ihr müsst damit rechnen, dass Motten und Rost sie zerfressen oder Einbrecher sie stehlen. Sammelt lieber Schätze bei Gott. [...] Denn euer Herz wird immer dort sein, wo ihr eure Schätze habt. Matthäus 6,19-21 (GNB)

Es ist wichtig, zu erkennen und sich einzugestehen, dass man Unsinn gekauft oder angenommen hat. Der Schritt ist nicht einfach, aber **heilsam.** Und er macht es möglich, das **Loslassen zu üben** und beschwingter durchs Leben zu gehen.

Also überwinden Sie Ihren inneren Schweinehund und beginnen Sie mit dem Entrümpeln.

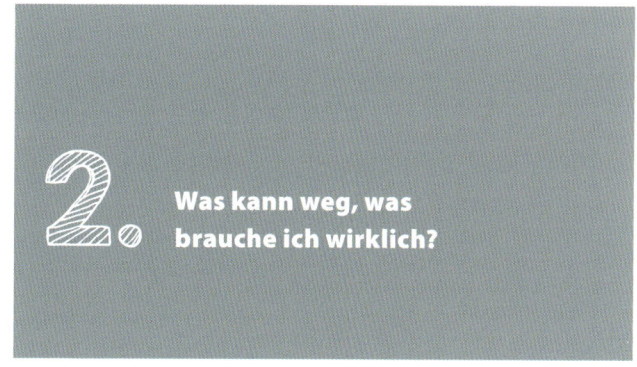

Was kann weg, was brauche ich wirklich?

Es gibt drei Arten des Aufräumens:

1. Das tägliche Wegräumen:

Ich habe es benutzt, also räume ich es weg.
(Das Prinzip den eigenen Kindern beizubringen ist quasi eine Lebensaufgabe)

2. Die Lebenssituation ändert sich:

Ich ziehe um und muss mich von Dingen trennen.
Meine Kinder sind aus dem Alter raus und ich brauche dieses und jenes nicht mehr.

Wir befinden uns in einer bestimmten Saison oder haben ein Fest und ich dekoriere um.

3. Die große Inventur:

Ich nehme jedes Teil in meinem Haushalt unter die Lupe, trenne mich und lasse los.

Dieses ritualähnliche Ereignis brauchen Sie nur einmal im Leben machen und es wird Ihr zukünftiges Horten und Einkaufsverhalten so stark beeinflussen, dass Sie sich nicht mehr mit belastenden Dingen umgeben wollen.
Es kann sein, dass Sie in manchen Kategorien bis zu 2/3 aussortieren. **Damit schaffen Sie jedoch Platz für all die Dinge, die Sie wirklich lieben, einschließlich sich selbst.**

Die große Inventur

Nicht das Beginnen wird belohnt, sondern einzig und allein das Durchhalten. Katharina von Siena

Krempeln Sie die Ärmel hoch und fangen Sie an, aber stecken Sie sich vorher unbedingt einen klaren Zeitraum dafür ab. Sie können in drei Wochen die intensive Express-Variante durchziehen – dafür brauchen Sie allerdings Urlaub und kinderfrei – oder Sie machen es nebenbei. Der Prozess des reinen Aussortierens sollte dann **nicht länger als 6 Monate dauern.** Das ist selbst mit Familie machbar. Schaffen Sie sich aber bewusst Freiräume. Haben Sie jemanden, den Sie bitten können mal auf die Kinder aufzupassen? Können Sie in einem Bereich oder abschließbaren Raum einfach mal für einen Moment Chaos liegen lassen oder ihn abschließen? Auch wenn wir uns gestalterisch Raum für Raum durchs Buch bewegen, gehe ich bei der Inventur nach Kategorien vor. Dabei orientiere ich mich an der **KonMari-Methode.** Beenden Sie immer erst eine Kategorie vollständig, bevor Sie zur nächsten gehen. Sind Sie mit einer fertig, versuchen Sie alle Dinge dieser Kategorie auch zusammen an einem Ort zu verstauen.

Orientieren Sie sich an den Kategorien auf der folgenden Doppelseite. Bleiben Sie bei der aufgelisteten Reihenfolge der Untergruppen. Sondern Sie nur die Bereiche aus, an denen Ihr Herz ganz besonders hängt. Um die kümmern Sie sich dann in der Rubrik Hobby, dafür brauchen Sie etwas Vorübung, um hier konsequent entscheiden zu können.

Suchen Sie im ganzen Haus alle Gegenstände zusammen, die in eine Kategorie gehören und stapeln sie diese an einem Ort. Haben Sie Platzmangel oder können Sie sich kein zu riesiges Chaos aufgrund von Kleinkindern erlauben, nehmen Sie sich nur die **Unterkategorie** vor. Es ist jedoch sehr heilsam, sich wenigstens eine Kategorie komplett vorzunehmen. Wenn Sie alle Gegenstände, getrennt nach Rubriken, in einem Raum sortieren, werden Sie eindrücklich sehen, wie viel Sie besitzen. Seien Sie dankbar dafür, schämen Sie sich vielleicht sogar ein bisschen, aber seien Sie in erster Linie dankbar, dass Gott Ihnen die Mittel gibt, all das im Überfluss zu besitzen. **Und Sie können Ihren Überfluss auch mit anderen teilen.**

Nehmen Sie nun jedes Teil eines Haufens in die Hand und fragen Sie sich, ob dieser Gegenstand Sie glücklich macht. Wenn es ein reiner Gebrauchsgegenstand ist, fragen Sie sich, ob Sie das damit erzielte Ergebnis glücklich macht. Alle Gegenstände, bei denen Sie das mit Ja beantworten, legen Sie auf den **Behalten-Stapel.** Die anderen Dinge kommen auf einen zweiten Stapel, um den kümmern wir uns später.

Ignorieren Sie beim Sortieren konsequent folgende Dinge:

Kaufdatum (letzte Woche)

Preis (das war doch so teuer)

Marke (ich wollte immer schon was von … besitzen)

Herkunft (war es ein Geschenk von …)

Ich habe für diese Art des Entrümpelns 6 Monate gebraucht. Bis alles seinen neuen Platz hatte, Altes verschenkt und verkauft war, ist fast ein komplettes Jahr vergangen. Es fühlt sich an, als müsste ich immer noch den riesigen Vorrat an Bodylotion aufbrauchen.

Rubriken

O Kleidung

- **Oberteile**
- **Unterteile**
- **Unterwäsche und Strumpfwaren**
- **besondere Kleidung (Sport, festliche Kleidung)**
- **Accessoires (Schals, Handschuhe, Mützen)**
- **Schuhe**

Wenn Sie an Ihren eigenen Sachen geübt haben, können Sie sich bzw. mit Ihren Kindern zusammen um die Berge der Kinderkleidung im Schrank und in den Vorratsboxen in der gleichen Reihenfolge wie oben kümmern.

O Spielsachen

Bis zu einem gewissen Alter (das müssen Sie selbst einschätzen, hier kennen Sie Ihre Kinder am besten) gehen Sie diese Kategorie allein durch. Bei älteren Kindern gemeinsam ihnen. Aber erst, nachdem Sie mit den Kindern an der Kategorie Kleidung geübt haben.

Stellen Sie in Aussicht anderen Kindern mit dem ausrangierten Spielzeug zu helfen und es zu spenden oder verkaufen Sie es später gemeinsam auf dem Flohmarkt. Das erleichtert die Trennung.

O Bücher

O Datenträger (CDs, DVDs etc.) und HiFi-Geräte

O Papierkram und Büroutensilien

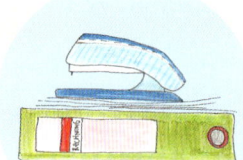

Wichtige Unterlagen sollten grundsätzlich schnell wegsortiert werden. Reservieren Sie sich einen Tag pro Woche, an dem Sie Unterlagen zügig in Ihre Ordner heften.

Ansonsten wandern Unterlagen in eine Ablage zum Vorsortieren, damit sie entweder immer griffbereit sind oder später schnell wegsortiert werden können.

Untergruppen in der Ablage können hier sein:
- **Rechnungen und Kassenbons**
- **Gutscheine**
- **Gemeindearbeit**
- **Job**
- **Kinder** (hier kommen alle Schulinfos oder besondere Zettel hinein, werden aber während des wöchentlichen Sortierens sofort entsorgt, wenn Sie nicht mehr aktuell sein sollten)
- **Telefonlisten** (immer griffbereit in einer extra Mappe in der Nähe des Telefons aufbewahren)

○ Haushaltsartikel

- **Elektrogeräte**
- **Küchenutensilien**
- **Nahrungsmittel (Trockenvorrat)**
- **Putzutensilien**

○ Kosmetika und
Hygieneartikel

- **Elektrogeräte**
- **Creme- und Seifenprodukte**
- **Schminke**
- **Haaraccessoires**
- **Vorräte**

○ Hobby

○ Erinnerung

- **Fotos (auch die auf dem Computer)**
- **Briefe und E-Mails**
- **Urkunden**
- **Kleinkram**

○ Werkzeuge

○ Kleinkram

- **Wertsachen**
- **Schmuck**
- **Schreibwaren**
- **Nähzeug**
- **Deko**

Trennen vs. Behalten

MACHT ES MICH GLÜCKLICH?

Ganz simpel und einfach. Dinge, die dieser einfachen Frage nicht standhalten, belasten nur. Sie verursachen ein schlechtes Gewissen, erinnern an seltsame Situationen oder an unsympathische Menschen. Kleidung, die drückt und zwickt, erinnert uns daran, dass wir einmal 10 Kilo leichter waren und dort nie wieder landen werden …

Es ist völlig unwichtig, wie groß die Anzahl der Dinge ist, die Sie tatsächlich glücklich macht. Selbst der bescheidenste Mensch hat irgendetwas, von dem er mehr besitzt, als wirklich nötig ist. Meistens sind das Dinge, die mit dem Hobby oder einer persönlichen Leidenschaft zu tun haben. Sie müssen sich selbst nicht zum Minimalisten erziehen. Aber seien Sie überrascht, wie viel Sie loswerden können und **wie wenig Sie glücklich macht.**

Stellen Sie sich beim Sortieren eine Kiste zurecht für Dinge, bei denen Sie unsicher sind. Sind Sie mit der Kategorie durch, gehen Sie diese Kiste so schnell wie möglich an, bevor Sie sich der nächsten Kategorie zuwenden. Sind nun immer noch Dinge in Ihrer „Zweifelkiste", bewahren Sie diese auf, bis Sie zur letzten Kategorie „Erinnerungen" übergehen. Widmen Sie sich dann der **gut beschrifteten und sichtbaren** (Nicht auf den Dachboden oder in den Keller verbannen, sonst sammelt sich wieder Ballast an!) Kiste, ein endgültiges Mal.

Das Gute an dieser Methode ist, dass Sie sich zum Schluss mit Dingen umgeben, mit denen Sie etwas **Positives** verbinden. Sie werden nicht mehr vorm Kleiderschrank stehen und sagen: „Ich habe nichts zum Anziehen", während Sie die Türen kaum schließen können. Stattdessen wissen Sie, dass Ihnen alles in diesem Schrank passt und gefällt. **Keine Leichen mehr im Keller, auf dem Dachboden und in Krimskrams-Schubladen.**

Ich möchte Sie jedoch auch vorwarnen. Radikales Aussortieren dieser Art kann zu einem Wechselbad der Gefühle führen. Einen Tag ist man motiviert und froh über das Losgelassene. Am nächsten Tag kann es schwerfallen und belasten. Es fühlt sich ein bisschen an wie eine **Entgiftungskur.** Da bekommt leider auch manchmal das Umfeld dieses Gift auf eine zickige Art zu spüren.

Was tun mit den Dingen, die Sie behalten:

Um nicht komplett im Chaos zu versinken, ist es hilfreich, wenn Sie direkt beim Aussortieren die Schränke und Schubladen auswischen und neu sortieren. Manchmal werden Sie auch merken, dass Sie Kategorien völlig verstreut im Haus und Abstellkammern gelagert haben. Um diese Dinge zusammenzuführen, müssen sie aber häufig warten, bis andere Kategorien aussortiert wurden und den Platz freimachen. In solchen Fällen müssen Dinge auch mal unsortiert zwischenlagern. Vergessen Sie diese jedoch nicht, machen Sie sich am besten eine Notiz, da Chaos zur „Neuhortung" verführt. Nutzen Sie die Motivationswelle des Zeitraumes, den Sie sich abgesteckt haben. Ist Ihre Inventur einmal beendet, muss auch das Sortieren schnell enden, da sonst wieder ein rumpelige „Belastungsleiche" geschaffen wird.

Was tun mit den aussortierten Dingen:

Entsorgen Sie diese so schnell wie möglich. Am besten bevor Sie mit der nächsten Kategorie beginnen.

Schätzen Sie realistisch ein, bei welchen Dingen sich Weiterverkaufen lohnt. Aber belasten Sie sich nicht zu sehr damit. Kleinvieh macht zwar Mist, braucht aber häufig viel Zeit und Aufwand, um es an den Mann zu bringen.

Selbst in Deutschland herrscht Armut und gerade bei den momentanen Flüchtlingsströmen gibt es viele Sammelstellen für Ihre Dinge.

Schmeißen Sie aber auch klar weg. Schieben Sie diese Aufgabe nicht irgendwelchen ehrenamtlichen Helfer in diesen Sammelstellen zu. Schätzen Sie ganz klar ein, was wirklich niemand mehr haben will. Sonst belasten Sie jemand anderen.

Diese Methode ist die beste, um von Gott Gegebenes einfach an einen Menschen in Not weiterzureichen, ohne irgendwelche Forderungen. Das beruhigt auch das schlechte Gewissen, wenn man merkt, für wie viele Dinge man so unnötig Geld ausgegeben hat oder es über Jahre nutzlos gehortet hat.

Ihre Freunde, Verwandten und ganz besonders Ihre Eltern sind keine dieser Sammelstellen. Verteilen Sie bitte nicht Ihren Ballast auf Ihre Lieben.

Es kann auch ein Problem sein, Freunde oder Verwandte mit Dingen zu sehen, von denen Sie sich nur schwer trennen konnten. Hier gilt: **Aus den Augen, aus dem Sinn.** Konfrontieren Sie sich nicht dauernd mit dem schweren Trennungsprozess.

Dinge, die sich zum Sortieren von anderen Gegenständen gebrauchen lassen, ruhig noch aufheben. Wenn Sie mit dem Sortieren fertig sind, schnell davon trennen.

Machen Sie ruhig eine **Strichliste** der Müllsäcke, Umzugs-kartons und Altpapierladungen, die Sie aussortiert haben, um sich den **Erfolg** vor Augen zu halten. Obwohl ich jedes halbe Jahr kräftig aussortiert habe und mich auch aufgrund von Umzügen immer wieder von Dingen trennte, hatte ich am Ende

7 Umzugskartons: Kleidung und Kinderkleidung
5 Kartons voller Altpapier
10 schwarze Müllsäcke
12 Umzugskisten mit Deko, Elektroartikeln, Gedöns und Spielzeug

An dieser Stelle möchte ich mich nachträglich bei all den fleißigen Helfern entschuldigen, die uns immer wieder so kräftig bei den Umzügen unterstützt haben.

In Ikea-Pax-Metern gemessen (bei einer Schrankhöhe von 2,36 m) habe ich über 2 m **Schrankplatz dazugewonnen** und ich konnte 25 kleine Kartons (siehe Seite 89–90) wieder zusammenfalten und verschenken oder anderweitig nutzen.

Sie schaffen nicht Raum für Neues, sondern Raum zum ATMEN!

Sie werden schon während des Prozesses der Inventur bemerken, dass es hier nicht um reines Aufräumen geht, sondern um eine **Befreiung.** Viele Bücher versprechen Ihnen dabei außerdem das Blaue vom Himmel, das Glück der Welt und die Erleuchtung in einem. Es ist ein bisschen viel, das von einer Aufräumtechnik zu erwarten. Befreiend wirkt sie aber trotzdem. Ich kann das **Loslassen trainieren** und meine **Prioritäten neu ausrichten.** Man lernt sehr anschaulich, welches die wichtigen Dinge im Leben sind und hängt den Wert von materiellen Gütern nicht mehr ganz so hoch.

Vielleicht motiviert Sie diese Erfahrung so sehr, dass Sie anschließend gleich beruflich und privat oder sogar im **Glaubensleben entrümpeln.** Ich selbst habe mich in beruflicher Hinsicht sehr viel befreiter von einem inneren Druck gefühlt. Doch eines möchte ich hier ganz klar sagen: Wenn Sie Dinge in Ihrer Ehe oder in Beziehungen zu anderen Personen finden, die Sie belasten, können und sollten Sie diese in Angriff nehmen. Sich völlig von einer Person zu trennen, sollte jedoch nicht auf dieser „Entrümpelungsmethode" basieren. Warum ich das hier so deutlich sage? Bei meinen Recherchen bin ich wirklich auf Äußerungen dieser Art gestoßen. Menschen hatten sich so an das „Wegwerfen" ge-wöhnt, dass sie das doch glatt auch bei ihrer Ehe anwandten.

Clean bleiben

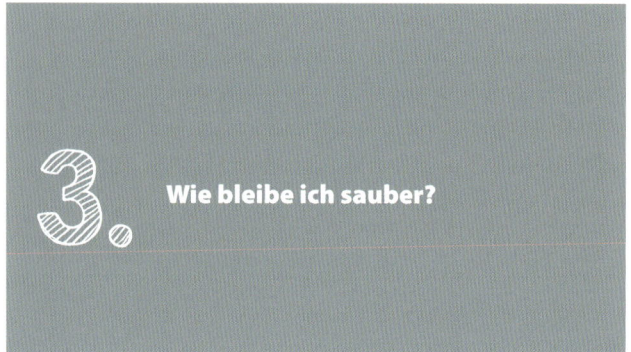

3. Wie bleibe ich sauber?

Wo bringe ich das neue Teil unter und was kostet mich der Stauraum?

Herzlichen Glückwunsch! An dieser Stelle können Sie sich erst einmal ein bisschen feiern. Sie haben die große Inventur überstanden und alles Unnötige aus Ihrem Haushalt verbannt. In Ihren Schränken herrschen Platz und Übersicht. Und das soll natürlich lange so bleiben. Die Versuchung ist groß, den gewonnen Raum einfach mit neuem Kram zu füllen. Damit das nicht passiert, helfen ein paar grundsätzliche Überlegungen.

STAURAUM KOSTEN LASSEN:

Alles sollte nun seinen Platz gefunden haben. Es gibt schöne selbstgemachte Aufbewahrungssysteme, mit denen man Stauraum unterteilen und Dinge sortieren kann. Hier und da, werden Sie sich vermutlich die eine oder andere Box kaufen. Ich selbst verstaue die meisten Sachen einheitlich in schwarzen Plastikkisten (Seite XX), so kann ich schnell und flexibel umsortieren und die Kisten lassen sich perfekt stapeln. Bei jeder Neuanschaffung frage ich mich deshalb, wieviel Geld ich dazurechnen muss, wenn ich noch eine Kiste dafür einplanen müsste oder wie viele Wohnungsquadratmeter oder Schrankmeter mir ein größeres Teil raubt. Lagerung bedeutet immer versteckte Kosten. Behalten Sie das bei jedem Wunsch im Blick:

VORRÄTE AUFBRAUCHEN:

Bei der Inventur werden Ihnen bestimmt Dinge aufgefallen sein, die sich in beachtlichen Mengen in Ihrem Haushalt angesammelt haben. Häufig weil man nicht mehr wusste, dass man sie hatte, oder weil man sie immer reflexartig kauft oder weil sie gerade im Angebot waren …

Den ersten Schritt, damit das künftig nicht mehr so leicht passieren kann, haben Sie bereits getan: Sie bewahren gleiche Dinge am gleichen Ort und haben mittlerweile die Übersicht.

Auch wenn es ohne Frage sinnvoll ist, für unvorhergesehene Momente einen kleinen Vorrat zu haben, liegt die Betonung hier auf klein. Stellen Sie sich bei verlockenden Angeboten immer die Frage, ob Sie eigentlich nur einen Artikel brauchen oder ob es unbedingt die 100er Angebotskiste sein muss. Die wenigen Cent, die Sie dabei sparen, sind die Lagerung selten wert.

Bewahren Sie keine Dinge für einen unbestimmten „besonderen Moment" auf. Führen Sie sich vor Augen, wie viele dieser besonderen Sachen inzwischen schlecht geworden oder aus der Mode gekommen sind. Dinge möchten benutzt und aufgebraucht werden.

EINES REIN, EINES WEG!

Nehmen Sie sich vor, für jeden neu gekauften Artikel einen alten auszusortieren. Diese Regelung kann man nicht immer anwenden. Aber sie hilft dabei, sich klar zu machen, ob man in diesem Fall etwas ersetzt oder mal wieder nur den Bestand unnütz aufstockt. Fragen Sie sich, ob Sie diesen Gegenstand so dringend benötigen, dass Sie dafür irgendeinen anderen wieder aufgeben könnten.

MACHT ES MICH AUCH NOCH NACH DEM KAUF GLÜCKLICH?

Während der Inventur werden Sie sich schon über Gelder geärgert haben, die Sie durch sinnlose Käufe verschwendet haben. Das alleine führt schon zu einem Umdenken. Stellen Sie sich bei jedem Gegenstand, den Sie neu kaufen wollen, vor, wie er auf einem Haufen liegt und fragen Sie sich, ob er die Inventur überleben würde, nachdem die Ekstase des Kaufmomentes verlöscht ist. Denn die meisten Dinge werden genau aus diesem Bedürfnis heraus gekauft. Ein kleiner Rausch, mit dem man sich belohnt für harte Arbeitstage. Ein Verlangen nach MEHR und NEU soll befriedigt werden. Eine Leere im persönlichen, beruflichen oder Glaubensleben soll gefüllt werden.

Schauen Sie sich also in Zukunft die Dinge, die nicht lebensnotwendig sind unter diesen Aspekten an. Beobachten Sie Ihre Kinder, die bettelnd vor Ihnen stehen und beschwören, wie sehr sie etwas BRAUCHEN. Verurteilen Sie sie nicht, sondern erwischen Sie sich selbst bei der Verwechslung des Wortes BRAUCHEN mit WOLLEN.

SHOPPING-FASTENKUR

Fasten hat den wundervollen Effekt, dass man beginnt, nüchtern über die Sache nachzudenken, die man sich entzieht. Ich habe selten so klar über meine Ernährung und Lebensmittel nachgedacht wie zu dem Zeitpunkt des Fastens, an dem ich einfach kein Verlangen nach Nahrung hatte. Bei jeder Art des Fastens kommt dieser Punkt, an

dem man erstaunt feststellt, dass das Verlangen danach völlig verschwindet. Genauso kann man sich eine Art Shopping-Fastenkur auferlegen. Da unser Denken immer wieder vom „Haben-wollen" dominiert wird, ist es klug, sich eine Weile in diesen nüchternen, klaren Zustand zu versetzten.

Gehen sie 3 Monate nicht shoppen. Egal was. Nur lebensnotwendige Dinge sind erlaubt. Damit meine ich wirklich lebensnotwendige wie Essen, Getränke, Zahnpasta, Klopapier … jedoch nur so viel, wie Sie gerade brauchen, nicht so viel Sie wollen. Selbst wenn etwas kaputtgeht oder leer wird, schauen Sie sich nach einem Ersatz um, der diese Zeit überbrücken könnte, so als hätten Sie keinen Pfennig in ihrem Portemonnaie.

Werden Sie kreativ und kompensieren Sie Kaufreflexe und Lücken im Inneren durch Erlebnisse und Beziehungen. Sie glauben nicht, wieviel Zeit und Geld Sie haben, wenn Sie nicht mehr ständig Dinge anschaffen und kaufen müssen. Es tritt eine wundervolle Ruhe ein.

Haben Sie die 3 Monate geschafft, ist das schon ein guter Start. Nun hängen Sie noch 3 weitere Monate dran, in denen Sie wieder Dinge kaufen dürfen, wenn ein anderes kaputtgeht oder aufgebraucht ist. Sie werden sich vielleicht wundern, dass in dieser Zeit nichts anfällt. Hier zeigt sich, wie oft wir eigentlich aus den Vollen schöpfen können. Außerdem werden Sie sensibel dafür, wann wirklich etwas gebraucht wird und wann wir etwas nur haben wollen.

BESITZ GENIEßEN:

Während dieser Monate können Sie Ihre Zeit außerdem dafür nutzen, vorläufig verstaute Dinge zu sortieren und schön herzurichten. Machen Sie Ihren Kleiderschrank hübsch, sodass Sie am Morgen das Gefühl haben, in einem Laden zu stehen. Genießen Sie die Produkte, die Sie bereits besitzen, lernen Sie sie wieder lieben und putzen oder reparieren Sie alte Dinge.

Sesam, öffne Dich!

Nach dem Entrümpeln und der großen Inventur geht es nun wieder ans Einräumen. Am besten mit System. Ein hervorragendes Übungsfeld ist die **Schatzkammer einer jeden Frau: der Kleiderschrank.**

Bei hängender Kleidung gilt dieselbe Regel wie beim Schreiben: von links nach rechts.

In diese Richtung sortiert man dann **von Lang nach Kurz.** Das hat eine positive Wirkung wie eine steigende Aktienkurve.

Ordnen Sie die Kleidung in **Kategorien** und lassen Sie ein wenig Platz dazwischen. Innerhalb dieser Kategorien sortieren Sie von dunkel nach hell. Innerhalb der Farbe von langen Ärmeln zu kurzen Ärmeln. Hosenbügel lassen sich auch für Röcke benutzen.

Ihr Schrank sollte Ihr persönlicher Lieblingsladen sein. Gestalten Sie ihn dementsprechend. Dekorieren Sie Ihren Schrank. Stellen Sie hier und da ein farblich passendes Accessoire hin.

Gleiche Kleiderbügel sind nicht nur optisch schön, sondern auch **praktische Platzsparer.** Drehen Sie die Bügel leicht, damit die Kleidungsstücke sich zu Ihnen hindrehen, das wirkt einladend: **„Trag mich!"**

Legen Sie sich eine große Box zu, in die Sie vorrübergehend Kleidung legen, die Ihnen diese Saison oder in der derzeitigen Gewichtslage nicht so recht zusagt, die Sie aber in ein bis zwei Jahren wieder rausholen möchten. So sind in Ihrem Schrank ausschließlich Kleidungsstücke und Farben, die Sie sofort anziehen würden. Die Box ist jedoch kein Freifahrtschein zum Horten. Sie brauchen **wesentlich weniger** Kleidung, als Sie denken!

Geben Sie Ihrer Kleidung **Raum und Luft.** Wie im Laden hängen keine verknitterten Blusen herum. Nur **Gebügeltes** betritt ihre Kleiderschatzkammer. Dass nichts mit Löchern hier hereingehört, ist auch selbstverständlich. Knöpfen Sie zumindest einen Knopf zu, damit Blusen besser auf dem Bügel sitzen. Entfernen Sie störende Schilder. Lieben Sie Ihre Kleidung und **pflegen** Sie sie.

Da ich auch Kleidung gerne gebraucht kaufe, habe ich viele Tricks entwickelt, um diese wie neu erscheinen zu lassen. Ein **Fusselrasierer** ist ein großartiges Werkzeug, das kleine Knötchen von Pullovern, Mänteln und Strickjacken und sogar Socken entfernt. Danach sehen sie aus wie neu. (Diesen Rasierer nutze ich auch für Kissen, Kinderwagenbezüge, Sofas …) Trauen Sie sich auch mal, ein nicht perfekt sitzendes Kleidungsstück mit der Nähmaschine zu bearbeiten und ändern zu lassen.

Ausgeblichene Hosen und Socken müssen nicht gleich in den Müll wandern. **Färben Sie sie einfach.**

Der Stapel der Arbeits- und Schmuddelkleidung sollte nicht größer sein als der mit Ihren guten Stücken. Unter der Devise „Dieses Stück ist noch zu gut, um es auszusortieren, ich kann es ja noch als Gammelklamotte tragen", wird der Schrank **unnötig verstopft.**

Und jetzt kommt einer der wichtigsten Tipps:

Tragen Sie Ihre Kleidung. Dafür ist sie da.

Auch die guten Stücke sind nicht nur zum Angucken gedacht. Und Sie wissen, ich meine nicht das Kleid für den Opernball. Wie viele Stücke hängen in unserem Schrank, die wir schonen wollen. Dann schonen wir sie, bis sie aus der Mode sind. Es ist doch schade, wenn die teure Bluse oder der hübsche Pulli im Schrank schön aussehen, aber nicht an Ihnen **zur Geltung kommen** dürfen. Deshalb haben Preisschilder in einem Schrank nichts zu suchen. Erst wenn der Preis entfernt ist, gehört Ihnen das Stück wirklich. Davor lassen Sie sich immer die Möglichkeit des Umtausches oder steigern den **Wiederverkaufswert.**

Gerade als Mutter gerät man schnell in die Routine, sich nicht gut zu kleiden, weil man das Gefühl hat, sich ständig dreckig zu machen. Stellen Sie sich vor, Ihre Tätigkeit wäre ein „normaler Job". Ihr Mann ist Ihr Kollege und Ihre Kinder sind die Kunden. Lohnt es da nicht, sich etwas Nettes, Präsentables anzuziehen und vielleicht auch gelegentlich einen Hauch Make-up im Alltag aufzulegen? Das hebt die eigene Arbeitsmoral enorm, bei unserem unbezahlten Job. Probieren Sie es einmal aus!

Wenn Sie nun Ihren Schrank öffnen, sollte das Freude hervorrufen. Alles darin wartet anziehbereit nur auf Sie!

Praxis-tipp

Faltkunst

Accessoire-Schubladen lassen sich auch gut für T-Shirts und Schals verwenden. Auch hier gilt immer: **von dunkel nach hell.**

Ich „blättere" gerne durch meine Pullover und Unterwäsche. Das funktioniert, indem man sie **wie CDs** in die Schublade stellt. Aus dieser Perspektive ist alles **auf einen Blick sichtbar** und ich brauche nicht erst einen dicken Stapel obenaufliegender Pullis hochheben, um den untersten zu erreichen. Das führt nämlich dazu, dass man immer nur die obenliegenden trägt, aus reiner Faulheit.

Ich falte meine Kleidungsstücke mit einer Art **Rolltechnik.** So kann ich sie in Schubladen oder auf Regalbretter stellen. Gleichzeitig entstehen so keine starken Knickfalten.

Hier sehen Sie, wie Sie ein Langarmshirt nach der KonMari-Methode falten. Hierzu finden Sie auch im Internet eine Menge Anleitungsvideos, die sehr hilfreich sind. Vom Pulli bis zur Unterwäsche **lässt sich alles falten** und es gibt keinen Grund für wahllos zusammengeknüllte Kleidung mehr.

Ich wandle diese Methoden immer so ab, dass das gefaltete Päckchen zum Schluss die Breite meines dazugehörigen Kartons hat. Wichtig ist, dass das Päckchen für sich stehen kann, denn dann ist es **stabil genug,** um nicht einfach umzufallen, falls Päckchen weggenommen werden. Selbst wenn man mal schneller durch die Schubladen rauscht, zerfällt das gefaltete Kleidungstück nicht gleich, sodass kein neues Chaos entsteht.

Diese Falttechnik lässt sich übrigens auch wunderbar beim Kofferpacken anwenden.

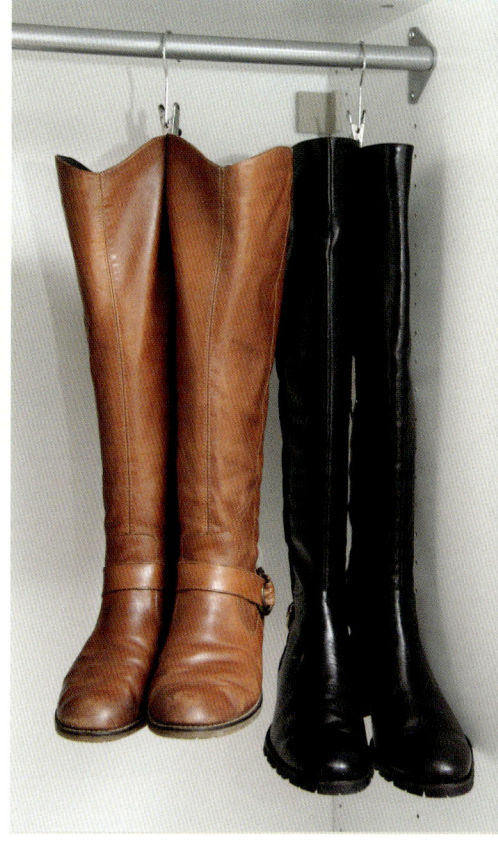

Manche Dinge fordern **kreative Aufbewahrungstaktiken.** Um z.B. Stiefelschäfte vor dem Abknicken zu bewahren, kann man sie einfach mit **Stiefelklemmen** im Kleiderschrank aufhängen.

Ein Sammelsurium von kleinen Kleidungstücken wie zum Beispiel Kinderbikinis können durch eine **Schubladenunterteilung aus Milchtüten** übersichtlicher werden. Dafür einfach die unteren Teile gut gesäuberter Tetrapacks so abschneiden, dass sie gut in Ihre Schublade passen.

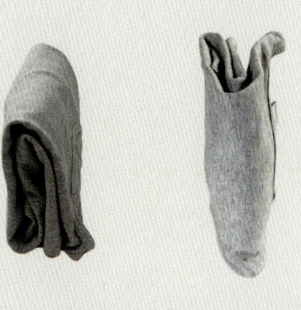

Bitte folgen Sie mir ins
Obergeschoss

Hier befinden sich die Schlafzimmer der ganzen Familie.
Den Flur nutzen wir in diesem Teil des Hauses mit als
Ankleidezimmer.

Die geliebte 80er-Jahre Vertäfelung wird durch viel Weiß
und kühles Blau etwas abgemildert. Die Kommoden sind
der **Kleiderstauraum** für die Kinder.
Die vielen Schubladen helfen beim Ordnen der Kleidung.
Jedes Kind hat eine eigene Kommode. Ab dem Schulalter
stelle ich hier die zusammengelegte Wäsche bereit, sodass
die Kinder sie **selbst wegräumen** können. Alle Kleidung
ist auf einen Raum **konzentriert,** so muss man beim
Wäschenverteilen nicht durch die einzelnen Zimmer laufen.
Außerdem wird deutlich, dass auch in der Großfamilie die
Kleidung **allen** gehört. Ist mein Pulli zu klein, wandert er
direkt in die Schublade des kleineren Geschwisters.

Es werde Licht

Dass Kinder Angst im Dunkeln haben, kann ich gut nachvollziehen. Mir geht es noch immer so. Das mag einer der Gründe sein, weshalb ich mich mit unterschiedlichen Varianten der **nächtlichen Beleuchtung** auseinandergesetzt habe.

Für eine **indirekte Beleuchtung** habe ich über die komplette Länge des Flurs hinter den Kommoden und dem selbstgebauten Sichtschutz ein **LED-Lichterband** an die Vertäfelung geklebt. Man kann solche LED-Streifen auch gut direkt an die Rückwand der Kommode kleben. Die LEDs brauchen kaum Strom und können die ganze Nacht anbleiben.

Außerdem lieben die Kinder es, die unterschiedlichen Farben und **Wechsel-Rhythmen** der Streifen auszuprobieren, wenn sie mal wieder eine Kinderparty feiern.

Auch die Lichterkette in dem Efeukranz lässt eine gemütliche Stimmung aufkommen und passt das ganze Jahr.

Ein beleuchteter **Aroma-Vernebler** sorgt nicht nur für schönes Licht, sondern auch für einen **angenehmen Duft** und gutes Raumklima. Düfte können beleben, entspannen, bei der Konzentration helfen und in der Erkältungszeit zu einem guten Schlaf beitragen.

Kinderschlafzimmer

Getrennte Schlafzimmer

Da wir ein reines Spielzimmer neben der Küche haben, ein immer bereites Gästezimmer und ich mein persönliches Kreativ-Reich im Arbeitszimmer, war klar, dass sich immer zwei Kinder ein Schlafzimmer teilen. Ich empfinge es auch als gut für das **Geschwistermiteinander,** da sie auch bei Konflikten immer wieder miteinander auskommen müssen. Doch natürlich kam vereinzelt der Wunsch nach einem eigenen Kinderzimmer auf. Nachdem wir rein rechnerisch die Anzahl der Räume durchgingen und auch unserer unzufriedenen Tochter klar wurde, dass an der Zimmeraufteilung nicht zu rütteln war und ein weiterer Umzug auch nicht infrage kam, stand auf ihrem nächsten Wunschzettel die Frage nach einer **Wand** zwischen ihrem und dem Bett ihrer Schwester.

Ich fand die Idee gar nicht schlecht und kombiniert mit ein paar schönen Vorhängen wurde **ein kleines Prinzessinnen-Paradies daraus.**

Nicht um die Wankelmütigkeit meines Kindes zu betonen, sondern um Eltern zu beruhigen, die auch dem Gemecker über ein eigenes Zimmer ausgesetzt sind: Eine Woche nachdem die Wand stand, wurde darum gebeten, doch ein **Fenster** einzubauen, da sich die beiden Schwestern nun schlechter **vorm Einschlafen unterhalten** konnten.

Mein Mann musste sich bis zum Auszug ein Zimmer mit seinem Bruder teilen und auch ihm hat es nicht geschadet. Am aufregendsten ist es für die Kinder sowieso, wenn die **ganze Familie zusammen** in einem Raum schläft. Wir schauen mal, wie lange das noch anhält, doch eines ist klar: Einsame Stunden sind in einer siebenköpfigen Familie eine Rarität, sollten aber auch bewusst gewährt werden. Die Wand und der Vorhang sind ein kleiner Schritt in diese Richtung. Ist der Vorhang zu, so ist das ein eindeutiges Zeichen, was **respektiert** werden sollte. Die Gefahr, dass sich ein Kind in die Einsamkeit zurückzieht und lange abschottet, ist hier eher gering und darüber bin ich sehr froh.

Zugedeckt

Tagesdecken lassen unschöne Bettwäsche verschwinden (und sei es die Vereinsbettwäsche Ihres Mannes …).

Auch der Stauraum unterm Bett wird mit einer Decke **„vertuscht".** Doch wenn es nicht dringend nötig ist, lassen Sie den Raum unter dem Bett ungenutzt, das trägt zu einem **besseren Schlaf** bei.

Glasplatten sind die pflegeleichtesten „Schreibtischunterlagen"

BÜFFELN

Während sich unsere Kinder im Spielzimmer ordentlich aus-
toben können, wurde der Bereich in den Schlafzimmern zur
Ruhezone erklärt. Hier sind keine Spielsachen zu finden.
Deshalb ist er der perfekte Ort für die Hausaufgaben. Um dem
Stil der **Trennwände** treu zu bleiben, habe ich einfach eine
Holzplatte im Baumarkt zurechtsägen lassen, sie angestrichen
und zwischen die Tische geschoben.
Eine **Bilderleiste** dient als Bücherhalter, das verschafft **mehr
Arbeitsfläche** auf den kleinen Schreibtischen. Denn aufgrund
des Platzmangels sind hier keine Riesenschreibtische unter-
zubringen. Der kleine Schreibtisch hat den Vorteil, dass er nicht
zur Dauerablagefläche mutiert.
Unsere Regel lautet „Vor dem Schlafengehen ist der
Schreibtisch komplett frei". Stifte hängen deshalb an der Wand.
Besonders Kindern, die unter **Konzentrationsschwäche**
leiden, hilft ein aufgeräumter Arbeitsplatz und der Schlaf in
einem ordentlichen Zimmer ist auch besser.

Badezimmer

Badezimmer können eine wunderschöne Wohlfühl- und Wellnessoase sein – im Katalog. Im wahren Leben mit ein, zwei, drei ... fünf Kindern sind sie ein **Ort des Gewusels.** Mit den Stoßzeiten morgens und abends.

Wenn dieses Badezimmer dann noch zwei Quadratmeter groß ist und unter einer Dachschräge klemmt, wird es nicht besser. Hier ist einmal mehr gute Organisation gefragt.

Natürlich kann man Haken mit Namen beschriften und alle hängen ein Gewirr von unterschiedlichen Handtüchern daran. Doch „optisch sauberer" sieht es aus, wenn die Handtücher von einer Sorte und Größe sind. Gerade im Bad trägt die optische **Sauberkeit** sehr zum Wohlfühlen bei.

Farben können hier wieder bei der Organisation helfen. Dieses System lässt sich dann auch gut auf den Urlaub übertragen. Ein Teil **Alltagsroutine,** den man in das Ferienhaus mitnehmen kann.

Saubere Sache

Farbenspiel

Kampf dem Badchaos!

Bei unserer Mädchenschar liegt immer irgendwo eine Haarspange oder ein Haarband herum, doch wenn man eins braucht, findet man nicht das richtige. Mit der Minikommode habe ich versucht, dieser Problematik entgegenzuwirken. Ganz gelöst wird sie wohl nie sein. So findet mein Mann regelmäßig sogar **Haargummis,** die im Auto um die Gangschaltung gewickelt sind. Ich frage mich auch, wie viele davon schon im Staubsaugerbeutel gelandet sind.

Die **Farbsortierung** der Handtücher zieht sich weiter durchs Bad. Waschlappen im gleichen Ton und Zahnputzbecher aus robustem Melamin tragen zu einer eindeutigen Zuordnung bei. Hier kann nicht aus Versehen etwas verwechselt werden. Außerdem kann Sherlock Mom hier vom Handtuch her schnell zuordnen, wenn ein Marmeladenmund nur abgewischt und nicht gewaschen wurde.

Bei uns lautet die Farb-Regel: **Handtuch** und Waschlappen fürs Gesicht in Weiß und für den Allerwertesten in Farbe. So können gerade die Kleinen, die das gründliche Waschen noch üben müssen, nicht durcheinanderkommen.

Stehen Sie noch am Beginn Ihrer Großfamilienplanung, dann suchen Sie sich am besten Handtuchserien und **Becher,** bei denen es eine große Farbauswahl gibt.

Obwohl dieses Bad nicht das Neueste ist, hatte ich das Glück, dass die Fliesenfarbe recht neutral war. Somit hatte ich **gestalterische Freiheit** und konnte meinen Mädels den Traum in Rosa erfüllen. Doch wenn Sie in Ihrem Bad an ein Farbspektrum gebunden sind, sollten Sie unbedingt auch bei den Handtüchern darin bleiben.

Wir sind glückliche Besitzer von zwei Bädern. Beide sind recht klein, aber fein. Gerade in kleinen Räumen ist eine gute Struktur erforderlich, um ihnen „Größe" zu verleihen. Auch in unserem „Erwachsenen-Bad" findet man die **kleinen Schubladen** wieder. Hier ist aber im Allgemeinen alles hinter Türen oder in Schubladen. Auch wenn ein **Spiegelschrank** oder Badunterschrank manchmal nicht die billigste Variante sind, ist das gut investiertes Geld. Das Bad ist zusammen mit der Küche der Teil des Hauses, der am meisten geputzt wird. Je weniger sie wegräumen müssen, umso schneller ist diese **ungeliebte Beschäftigung** vorüber. Außerdem sieht keiner Ihr kunterbuntes Kosmetik-Chaos. Denn wie eilig hat man es gerade als Mutter morgens im Bad. Da möchte man seine Sachen doch häufig nur schnell in eine Schublade werfen. Wenn alles seinen Platz hat, wird Ihnen das sichtbare Chaos erspart bleiben.

Damit **Gäste** sich auch im Bad zurechtfinden und sie nicht nassen Gästehandtüchern ausgesetzt sind, liegen immer frische Handtücher oder Waschlappen sichtbar bereit. Wichtig ist dann auch ein Ort, wo sie die benutzten Handtücher loswerden können. Hängen Sie vielleicht sogar eines in den Eimer, damit klar ist, dass der nicht für Abfälle gedacht ist.

Beim Dekorieren halte ich mich an mein Gesamtkonzept und lasse auch im Bad immer ein wenig meiner jahreszeitlichen Deko vorkommen. Das muss nicht viel sein.
Ein Strauß Blumen der unechten Sorte oder ein farblich passendes Handtuch …

So wird das Bad nicht zum ungeliebten Außenseiter, sondern zum wohnlichen Raum genau wie alle anderen Bereiche des Hauses.

Was für eine Flasche!

Shampoo- und **Duschgelflaschen** sind eine Notwendigkeit, die auch zu einem dekorativen Hingucker werden. Doch bevor Sie beginnen, Ihre Pflegeprodukte aufwändig in irgendwelche Fläschchen umzufüllen, schauen Sie sich doch einfach in der Drogerie Ihres Vertrauens um. Gibt es Produkte, die in Ihre **Farbpalette** passen, wenn Sie einfach nur das Label entfernen?
Hierzu benutze ich gerne Reiniger, die eigens für das Entfernen von klebrigen Etiketten oder Preisschildern hergestellt wurden. Mit einem wasserfesten Stift beschriftet, damit man bei der **großen Auswahl** der Flaschen nicht durcheinander kommt. Voilà!

Und denken Sie dran: Glasflaschen haben in einer Dusche nichts zu suchen, egal wie hübsch sie sind.

Mit kleinen Räumen scheinen wohl noch mehr Menschen Probleme zu haben, sonst hätte man nicht die **faltbare Badewanne** und den **Klapphocker** erfunden. Die Badewanne ist sehr praktisch, wenn auch mal die Geschwister mithelfen wollen ein kleines, schlüpfriges Baby zu waschen, da das Baby in einer **extra Schale** liegt. Badewanne sowie Hocker sind so klein, dass sie in den Schrank, oder sogar in der Schublade **verschwinden** können.

Badewanne bin ich Kapitän

SCHLAFZIMMER

Schräge Sache

Schrägen können regelrechte **Stauraum-wunder** sein. Hier habe ich unterschied-liche Schranksysteme zusammengewürfelt. Teilweise sogar Korpi und Fronten aus unterschiedlichen Serien. Die **gemein-same Komponente** ist dann der Griff. Gleiche Griffe verbinden Schränke in der Optik und erwecken den **Anschein,** dass sie zusammengehören.

Horizontal angebrachte Griffe bringen mehr **optische Ruhe** in den Raum als Vertikale. Das gilt übrigens auch für Küchenfronten, auch wenn es zuerst beim Öffnen etwas gewöhnungsbedürftig ist.

Seitenwände **mit Haken versehen,** können eine gute Möglichkeit sein, getragene Kleider loszuwerden, damit sie nicht auf Stühlen oder dem Boden herumfliegen.

Ob Kinder grundsätzlich ins elterliche Schlafzimmer gehören oder nicht, ist sehr umstritten und wird von Familie zu Familie unterschiedlich gehandhabt.

Was aber Fakt ist: Ein Bett ist **mehr als nur Schlafstätte.** Es ist auch ein Ort zum Kuscheln, Beisammensein, Quatschmachen und Lesen. Und gerade in Krankheitsfällen oder bei Gewittern wurde es doch sehr eng.

Deshalb entschieden wir uns, aus zwei 120er Matratzen ein Familienbett zu bauen. Wir scheinen mit unserer Idee nicht alleine zu sein, da im Internet unter dem Stichwort **„Familienbett"** sogar solche Größen zum Kauf angeboten werden. Wir hatten jedoch genaue Vorstellungen und ein sehr enges Budget, deshalb entstand dieses Bett **mit viel Liebe** und auch freundlich-fachmännischer Hilfe als Marke Eigenbau.

Ärmel hochkrempeln

Nach all den Tipps und Projektideen lassen Sie nun vielleicht dieses Buch auf den Schoß sinken und denken: „Wo soll ich bloß anfangen? Ausziehen, abreißen, neu bauen?" Ihr Verstand fängt an auszusetzen, da bei all der täglichen Arbeit, den Langzeitbaustellen und Wunschprojekten, die Ihnen spontan in den Kopf kommen, eine Lähmung eintritt.

Deswegen spiele ich zum Schluss noch einmal den Motivationscoach und möchte Ihnen eine kleine Anekdote aus meinem Leben erzählen.

Ich habe manchmal etwas waghalsige Ideen und selbst mein Mann hält mich gelegentlich für verrückt. So fuhr ich eines späten Abends oder eher nachts mit dem Fahrrad eine Strecke von sage und schreibe 23 km vom Bahnhof nach Hause. Als Kleinstadtkind war mir irgendwie nicht klar, wie dunkel und einsam so eine Fahrt durch ein waldiges Nichts sein kann. Glauben Sie mir, das mache ich nie wieder. Ich traf auf einer Strecke von 17 km nur zwei Autos, einen Menschen und einen Fuchs. Es war gruselig.

Als ich hinter der Stadt ins Dunkel eingetaucht war, traute ich mich nicht mehr zur Seite zu schauen, geschweige denn mich umzudrehen. Ich wusste, wo ich mich befand und mir war klar, dass noch etliche Kilometer vor mir lagen. Ich kannte mein Ziel, aber ich konzentrierte mich nur noch auf den kleinen, vom Fahrradlicht erleuchteten Teil des Weges vor mir und wandte meinen Kopf nicht davon ab. All meine Kraft floss nur noch in meine strampelnden Beine.

So ist es oft im Leben. Wir stecken in einem Wust von Arbeit und all die Projekte, die wir gerne in Angriff nehmen wollen, scheinen wie ein zu hoher Berg oder wie ungewisse Dunkelheit. Nun ist die Frage, ob Sie sich davon lähmen lassen und sich damit begnügen, Ihr halbes Leben zu sagen „Ich würde gerne mal dieses sortieren, jenes anziehen, das streichen, das kochen, jenen Sport ausprobieren …" oder ob Sie ein „Macher" werden.

Beginnen Sie einfach mit einem Projekt, konzentrieren Sie Ihre Kraft nur darauf und blenden Sie alle anderen Wunschprojekte oder potenzielle Probleme erst einmal aus. Aber beginnen Sie! Wenn Sie sich lähmen lassen, werden Sie nie auch nur eines Ihrer Projekte fertig bekommen.

Verschaffen Sie sich einen Überblick, machen Sie sich eine Liste. Bei Kreativprojekten braucht diese nicht unbedingt nach Prioritäten geordnet sein. Und zweifeln Sie nicht an allem, wenn mal ein Punkt nicht so funktioniert, wie Sie es sich vorgestellt haben. An Fehlern reift der kreative Geist.

Also: Ärmel hochkrempeln und los! Sie sind ein Macher!

Projektliste

O Entrümpeln

O Sortieren

O ....

O ....

O ....

O ....

O ....

O ....

O ....

O ....

   ....

   ....

Notizen

....

....

....

....

....

....

....

....

....

....

....

Abschied nehmen

Nun sind wir also am Ende der Hausführung angelangt. **Schön, dass Sie mich begleitet haben.** Ich hoffe, Sie konnten Sich einige Anregungen für Ihr Zuhause mitnehmen. Dieses Buch ist während der letzten zwei Jahre entstanden. Viel ist passiert in dieser Zeit. Deshalb sind in diesem Buch manche Sachen für vier Kinder ausgelegt und manche für fünf. Hier sehen Sie uns mal alle auf einen Schlag.

Wie ich schon zu Beginn des Buches erwähnte, schüchtert Perfektion etwas ein. Oft passiert es mir, dass Mütter mich ganz zerknirscht anschauen und fragen, wie ich das bloß alles mit fünf Kindern schaffe ...

Und hier ist mein Geheimnis:

Genauso wie alle anderen ihre Aufgaben im Leben meistern, so meistere ich meine. **Mit viel Schweiß, gelegentlichem Gebrülle, mit viel Humor und einem Quäntchen Geduld, das sich mit Unmengen Ungeduld abwechselt,** hier und da mit ein paar Tränen und etwas Verbissenheit.

Um Sie also zu beruhigen, möchte ich Sie jetzt einmal hinter die Kulissen führen:

Vor der Kamera

Hinter der Kamera

Mein sensibles Farbempfinden ließ mich dieses Foto nur widerwillig und in Schwarz-Weiß in dieses Buch einfügen.

Sie sehen hier noch unsere alte Küche. Die Maschine muss noch ausgeräumt und der Müll rausgetragen werden und auch sonst ist das Chaos perfekt. Mittendrin steht mein Stativ. So, liebe Leser, habe ich es geschafft, mal eben nebenbei ein Buch zu schreiben. Indem ich meinen Haushalt auch mal dem Chaos überlassen habe. War das immer klug? Nein. Aber ich hoffe, Sie genießen das Ergebnis.

DANKESCHÖN!!!

Dieses Projekt wäre nicht ohne die liebevolle und geduldige Unterstützung meines Mannes, meiner Kinder, Eltern und meines Bruders möglich gewesen.

Ein großer Dank gilt auch denen, die mir handwerklich und beratend zur Seite standen und mir halfen meine manchmal etwas irren Ideen umzusetzen. Ganz besonders danke ich unseren Gemeinden für die wunderschön gestaltete Pfarrwohnung und all ihrem Einsatz beim Umzug und der Renovierung.

Ich danke allen, die mir Dinge zur Verfügung gestellt, ausgeliehen, getischlert, gehäkelt, genäht und gestrickt und meine Kinder durch die Gegend geschoben oder ihnen Bücher vorgelesen haben ...

Und ein besonderer Dank gilt all meinen Fotoassistenten und Models, die mir so bereitwillig zur Seite standen. Herzlichen Dank an Janna Grotum, die eindeutig meine Schokoladenseite getroffen hat.

Mein größter Dank gilt meinem himmlischen Vater, der mir die Gabe der Kreativität, die Zeit, das Durchhaltevermögen für so viele Projekte und meine wundervolle Familie geschenkt hat.

Ich genieße die Schönheit meiner Wohnung und freue mich, dass Gott mir immer wieder viel mehr gibt, als ich eigentlich nötig und verdient habe.

Andrea Otto

BEZUGSQUELLEN

**Bastelmaterialien,
Perlen für Küchenrondell
und Stoffe:**

www.vbs-hobby.de

Bälle für das Bällebad:

www.betzold.de

www.koenig-tom.de

Kinderküche:

www.kidkraft.de

**Meine Lieblingskissen
und Plaids:**

Von Clayre & Eef, Serien „Oslo"
und „Snowwhite"

www.clayre-eef.de

Kissenfüllung:

linumdesign.com

Klappbadewanne:

www.stokke.com

Kartons und Boxen:

Serie „Pappis" und „Samla"
www.ikea.de

**Beziehbare Knöpfe oder
Überzieher für Knöpfe:**

Unter diesen Stichwörtern finden Sie die
Rohlinge mit Werkzeug auf
www.dawanda.de

Melamingeschirr:

www.rice.dk

Serie „Miss Étoile" über
www.takatomo.de

**Raumdüfte, Diffuser
und Duftbrunnen:**

www.primavera.de

**Möbel- und Outdoorstoffe
sowie Polstermaterialien:**

www.stoffundstil.de